高校入試
近道問題 25 長文読解
—攻略法の実践—

この本の特色

① コンパクトな問題集

入試対策として必要な単元・項目を短期間で学習できるよう、コンパクトにまとめた問題集です。直前対策としてばかりではなく、自分の弱点を見つけ出す診断材料としても活用できるようになっています。

② 豊富なデータ

英俊社の「高校別入試対策シリーズ」「公立高校入試対策シリーズ」の豊富な入試問題などから問題を厳選してあります。

③ ちかみち の実践

問題を解く「カギ」となる攻略法を ちかみち として別冊の解答・解説の巻末に掲載しています。さまざまな問題で実践し、解き方を身につけましょう。対応する設問は ちかみち で示していますので、参照してください。

④ ちかみち に対応した詳しい解説

別冊の解答・解説では、ちかみち に沿った具体的な解き方を丁寧に解説しています。問題とつきあわせながら読むことで、理解を深めましょう。

この本の内容

1 論理的文章①

◆次の文章を読んで、後の問いに答えなさい。（神戸星城高）

何事につけ、小さくコンパクトに、簡略化していくのは、将棋だけの話ではなく、日本の伝統文化の共通項ではないかと感じるところがある。

江戸時代、将棋界には家元制度が布《し》かれていた。茶道や華道と同様、世襲で代々継いでいく。そのため、伝統やしきたりに重きを置くという一面はあるが、それ以上に、この小さく、コンパクトにというのは日本もしくは日本人のDNAに根付くものではないかと思えるのだ。

[Ⅰ]俳句や短歌。これは一七文字ないしは三一文字という、極めて限られた字数の中に世界観を築き、感情を表現する。『万葉集』にしても、ただその言葉だけ字面だけ追っても、何をいいたいのかは分からないが、文字や言葉のあいだに垣間見られるより奥深いものを推察し、そこから展開される世界を追体験するからこそ面白い。

能もしかり。能面をつけることで演じ手本人の顔の表情は見えなくなる。[Ⅱ]その表情をまったく見えなくすることによって、その役柄のより深い情感のようなものを表す。さらに茶道では、千利休は本当に狭く小さな四畳半の空間の中に森羅万象を表そうとした。

その①伝統的な世界の考え方、底流には、極めて簡潔に、簡素にするというところがあるのではないかと思うのだ。

（中略）

とにかく簡素化していく。簡略化し、短くして小さくコンパクトにする。最近の流行でいえば、ツイッターなどもそうだろう。一四四文字。ほんの少ししか書けない媒体だが、それをたくさんの人が嬉々《きき》としてやっている。

こうして見ると、表現され、想像される世界というものは、昔から基本的に変わらない気がする。その現れ方こそジャンルや形式、時代によって異なるかもしれないが、根本的なものとして、底流にある考え方、発想というのは、いまの時代も、千年前の時代も、さして大きな違いはないのではないかと思える。

それは、私も含めいまを生きる誰もが多かれ少なかれ、意識しなくても身体の中に持ち合わせているものであるからではないだろうか。

それは、ある程度年齢や経験を通じて学んでいくことだ。

人間に備わったさまざまな可能性、能力。その中でもとりわけメンタルの強さ、精神的な面での強さというのは、その年齢や経験に比例するのではないかと感じている。

ある程度の年齢になれば、プレッシャーもリスクも関係ないのではないだろうか。いまの私にはリスクだと感じられるようなことも、年を経ればそれを超越する、というかそのこと自体、②もうどうでもいいような気になる部分もあるのではないか。

元気で長生きをし、ほがらかに活動的な人たちがいる。たとえば、医師の日野原重明先生や僧侶で作家の瀬戸内寂聴先生が、プレッシャーの話をするとは思えない。[Ⅲ]ある種の開き直りというか、怖いものがない状態。それがお二人の強さでもあるし、③それを「達観した状態」というのではないかと思う。

それはもちろん、一朝一夕には得られないものではある。しかし私たちは、その姿に学ぶことはできる。[ア]

いま、不安定で不透明な時代。先行きの分からない状況が続いてはいるが、そこでどうなるか分からないさまざまのことに心を砕き思い悩むよりも、まずは目の前にあること、何か自分の中で響くことに向き合っていくのがいいのではないかと思っている。[イ]

他者からの評価や客観的な結果だけを追い求めながらモチベーションを維持するのは、たいへんなことだと思う。[Ⅳ]予定通りのことを目指すだけでは、気持ちは維持できないのではないか。

かくいう私は実際のところ、結果に対する目標は、ほとんど立てない。

ただひとつ思っているのは、少なくともいま自分が思い描いているものとは④違う姿にはなっていたいということ。たとえば、十年経ったらこういう感じになっているのだろうという青写真があるとしたら、その通りにはなりたくないという気持ちがある。

自分が想定した、その通りでは面白くない。自分自身、思う通りにならないのが理想だ。[ウ]

計画通りだとか、自分の構想通りだとか、ビジョン通りだとかいうことよりも、それを超えた意外性だとか偶然性、アクシデント、そういうあれこれの混濁したものを、併せ呑みながらてくてくと歩んでいくのが一番いいかたちなのではないかと思っている。

変わっていく、変化し続ける自分を、納得しながら楽しむ。[エ]

そうした自分から、その時々に浮かび上がってくるものを楽しみながら進んでいくことを、できる限り続けたいと思っている。

（羽生善治「直感力」より。一部変更した箇所がある）

問一 Ⅰ～Ⅳに入る言葉を、それぞれ次から選んで記号で答えなさい。

Ⅰ（　　）Ⅱ（　　）Ⅲ（　　）Ⅳ（　　）

ア　すでに　　イ　常に

ウ　たとえば　エ　しかし

問二 次の一文は本文から抜き出したものです。入る場所を[ア]～[エ]から選んで番号で答えなさい。（　　）

何よりも自分の気持ちに響く、自分の中から湧き上がってくる直感を信じることだ。

問三 ①――の説明として適切なものを、次から選んで記号で答えなさい。（　　）

ア　短歌や俳句にあるように、極力短くまとめることで、伝えたいことに余韻を持たせるということ。

イ　短歌や俳句にあるように、限られた世界観を作ることで、限られた人々に思いを伝えるということ。

ウ　能や茶道の世界のように、世襲を重んじることで、簡潔に伝統を引き継ぐことができるということ。

エ　能や茶道の世界のように、表情から読み取れないことで、簡素化された情感を伝えるということ。

問四 ②――のような「気になる」のはなぜですか、本文の言葉を使って三十字以上四十字以内で答えなさい。

問五 ③――は何を指しますか、本文から二十五字以内で抜き出して答えなさい。（句読点を含む。）

問六 ④――の説明として適切なものを、次から選んで記号で答えなさい。（　　）

ア　不安定で不透明な時代であるからこそ、周囲に影響されず自分を確立するということ。

イ　精神的な強さを備えているからこそ、将来への夢を持ち続ける自分でいたいということ。

ウ　自分に向き合う余裕があるからこそ、普通の自分であり続けたくないということ。

エ　想定内が安心だという風潮だからこそ、想定外を楽しむ自分でありたいということ。

問七 筆者の主張の説明として合致しないものを、次から選んで記号で答えなさい。（　　）

ア　伝統文化の共通項としてとにかく簡素化することが求められ、その考え方は古来から変わらない。

イ　伝統の底流にある考え方や発想というのは、私たちの中で時代によって変化していくものだ。

ウ　私たち一人ひとりが持つ可能性や能力は、年齢や経験によって変化し成長していくと考えられる。

エ　将来の結果などどうなるかはわからないが、変化していくことを楽しむことがいい人生である。

2 論理的文章②

◆次の文章を読んで、後の問いに答えなさい。（山口県）

文字の起源は絵画であると一般に信じられている。そしてその理解はおおむね正しい。山があれば、それを表す文字として人々は山の絵を描き、水が流れるさまを描いたものを、川を表す文字とした。

文字の萌芽《ほうが》期の段階では、世界の文字は非常によく似た形のものだった。しかし絵画はそのままでは文字になりえない。絵画として描かれる事物は、原則的に世界中でただそれ一つしか存在しない。だからこそ肖像画というジャンルが成立するのであり、ごく普通の絵画でも、たとえば渓流を泳ぐ魚の絵は、水槽に飼われている金魚や、マーケットに売られている鯛《たい》を描いたものではないし、カゴに盛られたリンゴは画家の目の前（あるいは脳裏）にあるリンゴであって、果物屋の店頭に並んでいるそれではない。

それに対して文字では、指し示す実体に対する普遍性が要求される。「魚」という漢字は、正月の膳を飾った鯛というような特定の魚ではなく、世界中のあらゆる魚類を指し示すことができなければならない。［　　］文字とは絵画として描かれるフォルム※に普遍性をあたえたものと定義できるだろう。

実際の例をあげる。ある人がこれから山登りに出かけるとする。その人が登ろうとする山は、富士山のように左右均等になだらかに広がった山かもしれないし、※槍《やり》ヶ《が》岳《たけ》のように頂上が鋭く尖《とが》っている山かもしれない。標高三千メートルを超える高い山かもしれないし、たかだか五百メートルくらいの、山よりむしろ丘と呼ぶべきものかもしれない。だからその人が登ろうとする山を絵に描くなら、富士山と槍ヶ岳とでは、あるいは高山と丘程度の低い山とでは描き方がちがって当然である。

しかしそれが山である限りは、地表から隆起した土塊であることは確実で、そのことは山をかたどったフォルムで表現することができる。だから「山」というフォルムを見れば、だれでも山という事物を思い浮かべることが可能となる。そしてこの場合、「山」が示しているのは富士山などの特定の山ではなく、どの山でもかまわない。ここに文字が成立する場がある。

X 目に見える実体のある事物を表す文字を作ろうとして、事物のもっとも端的な特徴を抽出し、具体的かつ「絵画的」に描いたものを象形文字という。ただしこれはあくまで「絵画的」に描いたものであって、絵画そのものではない。なぜならばそこに呈示されるフォルムは、指し示す実体に対しての普遍性をもつものでなければならないからである。そして普遍性をあたえられるがゆえに、その描写は必ずしも写実的である必要はない。「山」という漢字で表される山の峰が、必ずしも三つあるとは限らない。

　このように具体的な事物の特徴をうまくつかんだ文字を特に多く含んでいるのが、漢字である。

（阿辻哲次《あつじてつじ》「日本人のための漢字入門」より。一部省略がある）

（注）※フォルム＝形。形状。
※槍ヶ岳＝長野県と岐阜県の境界にある山。

問一 [　　] に入る語として最も適切なものを、次のア～エから選び、記号で答えなさい。（　　）

ア なぜなら　イ しかし
ウ まして　エ つまり

問二 「絵画はそのままでは文字になりえない」とあるが、それは「絵画」がどのようなものであるからだと、筆者は述べているか。次の文がそれを説明したものとなるよう、[　　] に入る適切な内容を、二十五字以内で答えなさい。

絵画は [　　] ものであるから。

問三 「文字が成立する場」とあるが、それはどのような場合か。五十字以内で説明しなさい。

問四 X段落が文章中で果たしている役割の説明として最も適切なものを、次のア～エから選び、記号で答えなさい。（　　）

ア これまで述べてきた「文字」について内容を整理する事柄を示し、「絵画」との差異を改めて明確にしている。

イ これまで述べてきた「文字」について異なる視点からの説明を補足し、「絵画」との共通点を強調している。

ウ これまで述べてきた「文字」と「絵画」の両方の性質をあわせもつ記号を示し、これまでの論を否定している。

エ これまで述べてきた「文字」と「絵画」について

新たな具体例を挙げて対比し、問題提起を繰り返している。

問五 「具体的な事物の特徴をうまくつかんだ文字」について、文章の内容を踏まえた「象形文字」の例として正しいものを、次のア～エから一つ選び、記号で答えなさい。（　）

ア 「中」という字は、あるものを一線で貫く様子を記号化して示すことで抽象的な「なか」という意味を表す。

イ 「湖」という字は、「水」を表す「氵」と「コ」という音を表す「胡」から成り「みずうみ」という意味を表す。

ウ 「雨」という字は、雲から水滴が降ってきている様子を模式的に描いて示すことで「あめ」という意味を表す。

エ 「計」という字は、「いう」を表す「言」と数の「十」を組み合わせることで「かぞえる」という意味を表す。

3 論理的文章③

◆次の文章を読んで、後の問いに答えなさい。抜き出しの問題は、句読点や符号も字数に数えます。（神戸野田高）

なぜニセ科学がこんなにも世の中に広がっているのか。

その一つとして、①科学に対する極端な態度がある。すなわち、科学を信仰するか、科学を否定するか。科学の力を信じるあまり、道理もわからず丸ごと飲み込んでしまう場合と、科学への不信や不満が高じて、道理から目を背けてしまう場合。この両者は、まったく正反対のように見えて、実は非常によく似ている。どちらも批判の目を欠くことによって、科学的思考から遠ざかってしまうのだ。

それから、二つ目が観客民主主義というもの。※1小泉《こいずみ》内閣が発足した当時、「劇場型政治」という言葉が流行《はや》ったが、ニセ科学の蔓延《まんえん》はまさしくそれに当たる。現代人は他人に「お任せ」してしまう発想が非常に強い。例えば、「テレビで放送されていたから〇〇は効き目がある」「専門家も同じことを言っていたから安心」という発想は②その典型だ。しかし、他人任せで自分の考えを放棄してしまったら、それがどんな内容でも科学ではなくなる。常に自分で考える姿勢が［　③　］。

三つ目は、※2科学リテラシーの欠如。すなわち科学の知識や規範が欠けている。これは同時に、懐疑精神が欠如しているという意味でもある。何度も述べているように、科学者ほど疑ぐり深い人間はいないのである。科学者ほど自分の科学について疑い続けている人間はいない。なぜならば、疑い続けていくことが科学にとって最も大事だからである。

四つ目に、時間が加速していることが挙げられる。現代人はどんどん忙しくなっているが、その結果、④早く結論を出したがる傾向を持ってしまった。例えばある事件で容疑者が捕まったとき、その容疑の真偽にかかわらず、早く犯人だと断定してほしいという気持ちがどうしても生じる。そうすることによって安心したいのだ。つまり、一刻も早く結論を得ようとして、簡単に安易な結論に飛びついてしまうのである。時間が加速されているとはそういうことだ。これは非常にまずいことだ。私たちは時間をもっと無駄に使うことが必要ではないかと思う。君たち若い世代には、まだまだ時間がたくさんあるはずだ。性急すぎる判断で取り返しのつかないことを招く前に、ちょっと立ち止まって考えてみてほしい。

▼そして最後に、欲望の爆発。人間は利益や便利さ、豊か

さというものをとめどもなく求めてしまう。実は、こういう欲望を爆発させているのは、高度成長期に生きてきた僕たちみたいな中年世代なのだ。君たち若い世代のほうが、（１）環境に対する配慮ということを早い段階から考え始めている。（２）、この部分に関しては特に君たちに期待している。⑤過剰な欲望に惑わされることなく、この社会を科学的なまなざしで見つめてほしい。

おそらくニセ科学は今後も廃《すた》れない。それは、ここまで述べてきたように、人間の欲望や心のゆらぎに密接に絡みついているからである。しかし、その処方箋ならいくつか提案することができる。

中でも⑥最も大切なのは、「なぜ？」という、懐疑の精神をしっかり教育することだ。現代の学校教育においては、合理的な内容は教えているけれど、不合理についてはまったく教えない。これは非常に危険なことである。本来なら、不合理なものをあえて見せて、「なぜこれは不合理なのか」ということを考える力を身に付ける必要があるのだ。合理的なものばかり教えていると、正しいことにしか対応できない人間に育ってしまう。つまり、不合理も教えておかないと、ニセ科学に出会ったときに対処の仕方がわからなくなってしまうのである。そういう意味では、⑦不合理への免疫《めんえき》を今のうちにつけておくことが肝要だ。▲

それから、先※3ほど述べた予防措置原則。特に第※4三種ニセ科学のように、確実な答えが得られていないような問題に関しては、何よりも安全を最優先させる。そういう考え方の軸を持って、性急に事を運ばないということが大事である。

最後に、⑧科学者の見分け方というのを教えておきたい。科学者にもいろいろなタイプがある。〇〇博士などの肩書きを持った人もたくさんいる。その肩書きの部分を信用するのはナンセンスだというのは言うまでもない。信用すべきは、「科学はここまでしかわかっていない」というふうに、限界をきちんと述べる人。それから、プラスにはマイナスが、コインに裏表があるように、必ずいい点があれば、悪い点がある。どんなにいい薬でも副作用というものが存在するのである。その効能と同様、弊害をきちんと告げる科学者なら信用することだ。

科学を含め、この世のあらゆる事柄には、良い点、悪い点が同時に存在する。その点をきちんと理解したうえで、どちらを選ぶか自分の頭で考える。そういう訓練を身につけておけば、ニセ科学にはまらないはずだ。

（池内《いけうち》　了《さとる》「それは、本当に「科学」なの？」より）

※1 小泉《こいずみ》内閣……小泉純一郎《じゅんいちろう》を内閣総理大臣とする内閣。

※2 科学リテラシー……科学を活用する能力。

※3 先ほど述べた予防措置原則……ニセ科学から遠ざけるため「疑わしきは罰する」という考えによって安全を優先すること。

※4 第三種ニセ科学……科学に対する誤解や誤認、悪用などを指す言葉で、筆者の造語。

問一 空欄（1）、（2）にあてはまる言葉として最も適当なものを次の**ア**～**オ**の中からそれぞれ一つずつ選び、記号で答えなさい。1（　　）2（　　）

ア だから　**イ** つまり　**ウ** しかし　**エ** また　**オ** 例えば

問二 傍線部①「科学に対する極端な態度」とは、どのような態度か。最も適当なものを次の**ア**～**エ**の中から一つ選び、記号で答えなさい。（　　）

ア 科学を頭から信じる態度と根底から信じない態度。

イ 科学をすべて信じない態度と少しだけ信じる態度。

ウ 科学を何よりも尊重する態度と見下そうとする態度。

エ 科学に親しみをもつ態度と距離を置こうとする態度。

問三 傍線部②「その典型だ」とあるが、何がその典型なのか。本文中から十五字以内で抜き出して答えなさい。

□□□□□□□□□□□□□□□

問四 本文中の ③ にあてはまる言葉として最も適当なものを次の**ア**～**エ**の中から一つ選び、記号で答えなさい。（　　）

ア 不可欠　**イ** 不可逆　**ウ** 不可知　**エ** 不可解

問五 傍線部④「早く結論を出したがる傾向を持ってしまった」とあるが、筆者がこの傾向を望ましくないと思っているのはなぜか。次の文の□にあてはまる言葉を、本文中から十字以内で抜き出して答えなさい。

□□□□□□□□□□

急いで結論を出そうとすると、□事態が生じるから。

問六 傍線部⑤「過剰な欲望に惑わされることなく、この社会を科学的なまなざしで見つめてほしい」とあるが、筆者がこう述べるのはなぜか。次の文の□にあてはまる言葉を、本文中から十一字で抜き出して答えなさい。

□□□□□□□□□□□

現代の社会ではニセ科学が蔓延しているが、そのニセ科学は［　　］と深い関係があるから。

問七　傍線部⑥「最も大切なのは、『なぜ？』という、懐疑の精神をしっかり教育することだ」とあるが、筆者がこう主張するのはなぜか。最も適当なものを次の**ア**～**エ**の中から一つ選び、記号で答えなさい。（　）

ア　何に対しても疑問を持つ習慣を身につけておかないと、科学の合理性を疑問視できなくなるから。

イ　なぜ？　と自問自答できるようにしておかないと、科学の著しい進歩に追いつけなくなるから。

ウ　なぜ？　と疑問を持つ姿勢を教育しておかないと、ニセ科学に出会ったときに対処できなくなるから。

エ　不合理なものを見分ける態度を養っておかないと、合理的なものでさえも信頼しなくなるから。

問八　傍線部⑦「不合理への免疫を今のうちにつけておくことが肝要だ」とあるが、筆者がそう述べるのはどうするためか。「できるようにするため。」につながるように、その答えになる部分を本文中の▼▲で囲まれた部分から十四字で抜き出して答えなさい。

問九　傍線部⑧「科学者の見分け方」とあるが、筆者はどのような科学者なら信用できると述べているか。最も適当なものを次の**ア**～**エ**の中から一つ選び、記号で答えなさい。（　）

ア　現代の科学の到達点を正直に述べつつ、科学の効能についても堂々と述べる科学者。

イ　今の科学にはできないことや、科学によって生じる問題点をきちんと述べる科学者。

ウ　科学とニセ科学の違いを明確に述べて、真の科学のすばらしさを力説できる科学者。

エ　科学の副作用を簡潔に述べて、科学に接する場合には注意が必要だと言える科学者。

問十　この文章を読んで、中学生五人が感想を話し合った。この中で、本文の内容と異なる発言をしている者を一人選び、**A**～**E**の記号で答えなさい。（　）

生徒**A**　ニセ科学にだまされないためには、この世の中のあらゆる事柄について自分で考えるように、日頃から訓練しておくことが大切なんだと思いました。

生徒**B**　そうですね。自分で考えるようにするために必要なことは、テレビで放送されたことを簡単に信じないで疑ってみるという態度が大切だと思います。

生徒C　科学者ほど疑り深い人間たちはいないと筆者は述べています。なぜなら、疑い続けていくことが科学には大事だからなんです。なるほどと思いました。

生徒D　でも、科学者のように何でも疑ってばかりいると、性急な判断が求められている現代では、取り返しのつかないことになるだろうと思います。

生徒E　筆者が今後もニセ科学を信じる人がいるだろうと考えるのは、ニセ科学が人々の持つ欲求やゆれる心と深く関係しているからだと思いました。

4 論理的文章④

◆次の文章を読んで後の問いに答えなさい（字数指定問題において、句読点や「　」は字数に含むものとする）。（履正社高）

「ピンチはチャンス」という言葉がある。逆境を逆手に取って利用する雑草の成功を見れば、その言葉は説得力を持って私たちに響いてくることだろう。【ア】

①ピンチとチャンスは同じ顔をしているのである。

生きていく限り、全ての生命は、何度となく困難な逆境に直面する。雑草は自ら逆境の多い場所を選んだ植物である。しかし、逆境のまったくない環境などあるのだろうか。雑草がこれだけ広くはびこっているのを見れば、自然界は逆境であふれていることがわかるだろう。【イ】

逆境に生きるのは雑草ばかりではない。私たちの人生にも逆境に出くわす場面は無数にある。そんな時、②私たちは道ばたにひっそりと花をつける雑草の姿に、自らの人生を照らし合わせて※センチメンタルになるかもしれない。しかし、雑草は逆境にこそ生きる道を選んだ植物である。そして逆境に生きる知恵を進化させた植物である。【ウ】

けっして演歌の歌詞のようにしおれそうになりながら耐えている訳でもないし、※スポ根漫画の主人公のようにただ歯を食いしばって頑張っているわけでもない。雑草の生き方はもっとたくましく、[A]したたかなのである。【エ】

「逆境は敵ではない、味方である。」これこそが、雑草の成功戦略の真骨頂と言えるだろう。

幾多の逆境を乗り越えて雑草は生存の知恵を獲得し、驚異的な進化を成し遂げた。逆境こそが彼らを強くしたのである。そして、逆境によって強くなれるのは雑草ばかりでない。【オ】

「ピンチはチャンス。」

③ゆめゆめ逆境を恐れてはいけないのだ。

「逆境×変化×多様性」。雑草の成功の方程式の二つ目のキーワードは「変化」である。

※二九ページですでに紹介したように、植物は動物に比べると大きさが自由自在である。

※第一章の最後にも書いたが、植物の変化する能力を「可塑性《かそせい》」という。可塑性の大きい植物の中でも、特に雑草は可塑性が大きいとされている。雑草は環境に合わせて、自在に大きさを変化させることができるのである。

同じ種類の雑草であっても、大きい個体は一メートルを超えるような大きさになるのに、わずか数センチの個体が花を咲かせているということもある。

このようなサイズの違いは、雑草以外の植物でも見られるが、雑草の場合は大きな特徴がある。それは、どんなにサイズが小さくても花を咲かせるということである。

私たちが育てる野菜や花壇の花は、生育が悪いと小さなままで花を咲かせることはできない。[B]、雑草は違う。どんなに劣悪な条件で、小さな個体であったとしても、花を咲かせ、実を結ぶのである。

――中略――

④植物は動物に比べて可塑性が大きい。それは、どうしてだろうか。

動物は自由に動くことができるので、エサやねぐらを求めて移動することができる。しかし、植物は、動くことができない。そのため、生息する環境を選ぶことができないのだ。その環境が生存や生育に適さないとしても文句を言うこともできないし、逃げることもできない。その環境を受け入れるしかないのだ。

そして、環境が変えられないとすれば、どうすれば良いのだろうか。環境が変えられないのであれば、環境に合わせて、自分自身が変化するしかない。だから、植物は動物に比べて「変化する力」が大きいのである。

植物の中でも雑草は可塑性が大きく、自由自在に変化することができる。この「変化する力」にとって、もっとも重要なことは何だろうか。

それは「変化しないことである」と私は思う。

植物にとって重要なことは、花を咲かせて種子を残すことにある。ここはぶれることはない。種子を生産するという目的は明確だから、目的までの行き方は自由に選ぶことができる。だからこそ雑草は、サイズを変化させたり、ライフサイクルを変化させたり、伸び方も変化させることができるのである。[C]、⑤生きていく上で「変えてよいもの」と「変えてはいけないもの」がある。

環境は変化していくのであれば、雑草はまた変化し続けなければならない。しかし、変化しなければならないとすれば、それだけ「変化しないもの」が大切になるのである。

踏まれても踏まれても立ち上がる。

これが、多くの人が雑草に対して抱く一般的なイメージだろう。人々は、踏まれても負けずに立ち上がる雑草の生き方に、自らの人生を重ね合わせて、勇気付けられる。

しかし、実際には違う。⑥雑草は踏まれたら立ち上がらない。確かに一度や二度、踏まれたくらいなら、雑草は立ちあがってくるが、何度も踏まれれば、雑草はやがて立ち上がらなくなるのである。

雑草魂というには、あまりにも情けないと思うかも知れないが、そうではない。

そもそも、どうして立ち上がらなければならないのだろうか。

雑草にとって、もっとも重要なことは何だろうか。それは、花を咲かせて種子を残すことにある。そうであるとすれば、踏まれても踏まれても立ち上がるという無駄なことにエネルギーを使うよりも、踏まれながらどうやって種子を残そうかと考える方が、ずっと合理的である。［D］、雑草は踏まれながらも、最大限のエネルギーを使って、花を咲かせ、確実に種子を残すのである。まさに「変えてはいけないもの」がわかっているのだろう。努力の方向を間違えることはないのだ。

⑦<u>踏まれても踏まれても立ち上がるという根性論</u>よりも、雑草の生き方はずっとしたたかなのである。

（稲垣栄洋「植物はなぜ動かないのか」より）

語注

※センチメンタル…感じやすく涙もろいさま。感傷的。

※スポ根…スポーツと根性を合成した「スポーツ根性もの」の略語。

※二九ページ…同じヒマワリでも小さなものと大きなものでは、一〇倍以上も高さに差があることが例示されている。

※第一章…第一章でもこの章に書かれている「可塑性」について同じ説明がされていた。

問一　本文中には次の部分が抜けている。この部分が入る最も適当な箇所を本文中の**【ア】**～**【オ】**より選び、記号で答えなさい。（　　）

私たちもまた逆境を恐れないことできっと強くなれるはずなのである。

問二　［A］～［D］にあてはまる語として最も適当なものを次の**ア**～**エ**より選び、それぞれ記号で答えなさい（同じ記号は複数回使用してはならない）。

A（　　）　B（　　）　C（　　）　D（　　）

ア　しかし　　**イ**　そして

ウ　だから　　**エ**　つまり

問三　――線部①「ピンチとチャンスは同じ顔をしている」といえるのはなぜか。その理由として最も適当なものを次の**ア**～**エ**より選び、記号で答えなさい。（　　）

ア　逆境に生きる雑草に人間は自分の人生を照らし合

わせるから。

イ　逆境を生き抜き乗り越えることで強くなることができるから。

ウ　自然界に逆境がまったくない環境は存在するはずがないから。

エ　すべての生命は生きていく限りは絶対に困難に直面するから。

問四　――線部②「私たちは道ばたにひっそりと花をつける雑草の姿に、自らの人生を照らし合わせてセンチメンタルになるかもしれない」とあるが、雑草のどのような生き方に私たちは自らの人生を照らし合わせるのか。本文中より十五字以上二十字以内で抜き出して答えなさい。

問五　――線部③「ゆめゆめ逆境を恐れてはいけない」とはどういうことか。その説明として最も適当なものを次のア～エより選び、記号で答えなさい。（　　）

ア　必ずしも逆境を恐れる必要はない。

イ　けっして逆境を恐れてはいけない。

ウ　少しも逆境を恐れる必要はない。

エ　夢の中でも逆境を恐れてはいけない。

問六　――線部④「植物は動物に比べて可塑性が大きい」のはなぜか。その理由を四十字以上五十字以内で説明しなさい。

問七　――線部⑤「生きていく上で『変えてよいもの』と『変えてはいけないもの』がある」とあるが、「変えてはいけないもの」とは植物にとって何か。本文中より十字以上十五字以内で抜き出して答えなさい。

問八　――線部⑥「雑草は踏まれたら立ち上がらない」のはなぜか。その理由として最も適当なものを次のア～エより選び、記号で答えなさい。（　　）

ア　一度や二度立ち上がるためのエネルギーしか雑草にはないから。

イ　茎や葉が折れてしまうことで花を咲かすことができなくなるから。

ウ　花を咲かせて種子を残すためのエネルギーを温存しておくため。

エ　踏まれながらも種子を残すための方法をじっと考

えているから。

問九　――線部⑦「踏まれても踏まれても立ち上がるという根性論」と同じ意味で用いられている語句を、本文中の中略以降より五字以内で抜き出して答えなさい。

□□□□□

問十　本文の内容と合致するものを次のア～エより一つ選び、記号で答えなさい。（　　）

ア　環境が変化しようとも生きていく上では、「変化する力」よりも「変化しない」ことのほうが大切である。

イ　逆境を乗り越える進化を遂げて生存し続けている雑草の姿を、人間は謙虚な姿勢で見習うべきである。

ウ　雑草は踏まれても立ち上がるという一般的なイメージとは異なり、実際は決して立ち上がることはない。

エ　生育が悪いと花が咲かない花壇の花とは異なって、雑草は劣悪な条件でも花を咲かせることができる。

5 論理的文章⑤

◆次の文章を読んで、後の問いに答えなさい。答えの字数が指示されている問いについては、句読点や「」などの符号も字数に数えるものとします。（栃木県）

読者が自由に読めるということは、理論的に小説には「完成した形」とか「完全な形」がないという結論を導く。小説はいつも「未完成品」なのだ。文学理論では、読書行為について考える理論を「受容理論」と呼ぶ。英語で書かれた文学理論書を多く翻訳している大橋洋一（注）は、受容理論の観点からこの点について次のように述べている。

受容理論の観点からみると（中略）、読者とは、限られた情報から全体像《ゲシュタルト》をつくりあげること。これを読者と作者との関係からいうと、読者は作者からヒントをもらって、自分なりに全体像をつくりあげるといっていいかもしれません。（『新文学入門』岩波書店、一九九五・八）

ここで言う「全体像」は、音楽の音階を考えるとわかりやすい。「ドレミファソラシド」の音階はピアノの右側の高い音で弾いても、左側の低い音で弾いても同じように聞こえる。あるいは、ギターで弾いても同じ「ドレミファソラシド」に聞こえる。絶対音や音の種類が違うのに不思議な現象だ。(1)こういう現象について、人間には「ドレミファソラシド」という音階を「全体像」として認識する能力があるので、たとえどの音階でもどんな種類の音でも、一つ「ミ」という音を聴いただけでそれが「ドレミファソラシド」のどの位置にある音かがわかると考えるのが「全体像心理学」である。

大橋洋一の説明に戻れば、受容理論とは「文学作品というものを、完成したものではなく、どこまでいっても未完成なものである」と考えることになる。それは、あたかも「塗り絵理論」のようなものだと言うのである。「塗り絵理論」とは、読書行為はたとえば線で書かれただけの「未完成」な人形の絵を、クレヨンで色を付けて「完成」させるようなものだとする考え方である。

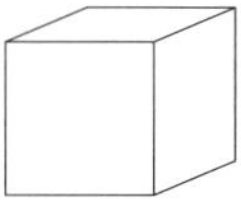

ここで注意すべきなのは、読者は「全体像」を名指しすることが出来るという事実である。たとえば、上のような「図」（？）を見てほしい。これは何だろうか。多くの人は(2)「立方体」と答え

るだろう。だが、なぜ「九本の直線」と答えてはいけないのだろうか。もちろんそう答えてもいいはずなのだ。いや、その方が「正しい」はずである。にもかかわらずこの「図」を「立方体」と答えてしまうためには、二つの前提が想定できる。

一つは、私たちの想像力がこの「図」の向こう側に回って、「九本の直線」に奥行きを与えているということだ。想像力は「全体像」を志向するのである。二つは、そのような想像力の働かせ方をするのは、私たちがあらかじめ「立方体」という「名」を、つまり「全体像」を知っているということだ。先の例でも、「ドレミファソラシド」の音階を知らない人に「ミ」だけ聴かせても、「ドレミファソラシド」という「全体像」が浮かび上がってくるはずはない。

目の前にあるテクストが「未完成」であるとか「一部分」であるとか感じるためには、読者に「全体像」がなければならないのである。つまり、読者は「全体像」を知っているという二つ目の前提が、読者は「全体像」を志向するという一つ目の前提である想像力の働き方を規定していると言える。ここでこの原理を受容理論に応用すると、「作品とは読者が自分自身に出会う場所」であって、「読書行為とは、読者が自分自身をたえず読んでゆくプロセス」(大橋洋一)だということになるのである。なぜなら、(3)読者が持っているすべての情報が読者ごとの「全体像」を構成するからである。

そう言えば、私たちはこれまで多くの小説を、「成長の物語」とか「喪失の物語」とか「和解の物語」といった類の、私たちがすでに知っている「物語」として読んでいたのではなかっただろうか。つまり、実は小説にとって「全体像」とは既知の「物語」なのである。だからこそ、私たち(4)読者は安心して小説が読めたのだ。

こう考えれば、私たちは小説を読みはじめたときから「この物語の結末はもう知っている」と思うだろう。読みはじめたばかりの小説なのに、もう全部知っているのだ。まだ知らない世界をもう知っているという［　　］がそこにはある。読者は知らない道を歩いて、知っているゴールにたどり着く。適度なスリルと、適度な安心感があるのだ。私たちが小説に癒やされるのは、そういうときだろう。

(石原千秋「読者はどこにいるのか」より)

(注) 大橋洋一＝日本の英文学者。

問一 ［　　］に入る語として最も適当なものはどれか。 (　　)

ア 伏線　イ 課題　ウ 逆説　エ 対比

問二　(1)こういう現象とあるが、どのような現象か。文末が「という不思議な現象。」となるように四十字以内で書きなさい。ただし文末の言葉は字数に含めない。

という不思議な現象。

問三　(2)「立方体」と答えるだろうとあるが、その理由として最も適当なものはどれか。（　　）

ア　「立方体」を知らないことによって、かえって想像力が広がり「九本の直線」に奥行きを感じるから。

イ　「立方体」を知らないので想像はできないが、目の錯覚により「九本の直線」に奥行きが生じるから。

ウ　「立方体」を知っていることにより想像力が働き、「九本の直線」に奥行きを与えて見てしまうから。

エ　「立方体」を知っていることが想像力を妨げ、「九本の直線」に奥行きを与えることができないから。

問四　(3)読者が持っているすべての情報が読者ごとの「全体像」を構成するとあるが、筆者がこのように言うのはなぜか。（　　）

ア　読者の経験によって、作品理解における想像力の働かせ方が規定されるから。

イ　読者が作品に込められた意図を想像することで、作品理解に深みが出るから。

ウ　読者の想像力が豊かになることで、作品理解において多様性が生まれるから。

エ　読者が作者の情報を得ることで、作品理解において自由な想像ができるから。

問五　(4)読者は安心して小説が読めたとあるが、筆者がこのように言うのはなぜか。五十字以内で書きなさい。

問六　本文の特徴を説明したものとして最も適当なものはどれか。（　　）

ア　「図」を本文中に用いて、具体例を視覚的に示し筆者の主張と対立させている。

イ　かぎ（「　」）を多く用いて、筆者の考えに普遍性があることを強調している。

ウ　漢語表現を多く用いて、欧米の文学理論と自身の理論との違いを明示している。

エ　他者の見解を引用して、それを補足する具体例を挙げながら論を展開している。

6 小説①

◆次の文章を読み、後の問いに答えなさい。字数制限のある答えは、句読点や記号も一字に数えるものとする。（東海大付大阪仰星高）

〈一〉

校内は①森閑としている。全校生徒は、一時間だけで帰った。二時間目があったのは、研究授業のあった耕作たちの級だけだった。どこかの一室で、研究授業の批評会がはじまっているのだろうが、耕作たちの部屋までは聞えない。

罰当番の井上権太に手伝って、耕作は手早く箒《ほうき》を使っている。近くで、さっきから郭公《かっこう》がしきりに啼《な》いている。床を掃きながら、耕作は内心びくびくしていた。いつ先生が現れるかわからない。手伝っているのを見つけられたら、何と言って叱られるだろう。先生は権太に【X】と言ったのだ。耕作も、井上権太も共に叱られるにちがいない。

先程、②級長の若浜が、

「先生に言ってやるぞ。叱られるぞ、お前も」

と言った。その時は、

「叱られてもいい」

と、大みえを【Y】。が、やっぱり叱られるのはいやだ。机を並べ終って、権太がバケツを持ち、水を替えに行こうとした。

「権ちゃん、今日は机拭きやめておこうや。二時間しかなかったから、そんなに汚れていないよ」

権太は黙って、耕作の顔を見た。

「拭き掃除しなくてもわからんよ」

「耕ちゃん、わかってもわからんくても、することだけはするべ」

にこっと笑って、権太はバケツの水を取替えに行った。

（わかってもわからんくても、することだけはするべ？）

③権太の言った言葉を、耕作は胸の中でくり返した。ひどく恥ずかしい気がした。

権太が帰って来た。二人は雑巾を固く絞って、机の上を拭きはじめた。次に耕作は、先生の教卓と、弁当棚を拭いた。権太は窓の桟を拭いている。いつもなら、先生の教卓をまっ先に拭くのだ。それが今日は後まわしになった。何となく後まわしにしたい気持が、耕作の中にあった。

最後に黒板を拭き、掃除は終った。再び権太が水を捨てに行き、二人は急いで学校を出た。校庭を横切る時、職員室

に一番近い教室に、先生達がたくさんいるのが見えた。耕作は走り出した。走って校門を出ると、追いついた権太が、

「耕ちゃん、どうして走った?」

「のろのろ歩いていて、先生に見つかったら、手伝ったことがわかるだろう?」

「うん」

二人は急ぎ足で歩いて行く。

「わかったら叱られるからな」

権太は黙っていた。もう鯉のぼりの上っていない棹の先に、矢車だけがカラカラとまわっている。

「若浜の奴、先生に言いつけるかな」

二人の下駄の音が、仲よくひびき、歩調が合っている。

「耕ちゃん、お前そんなに叱られるのいやか」

「④そりゃあいやださ。権ちゃんは平気か、毎日叱られて」

「平気っていうことはないけどさ。だけどねえ、家の父ちゃんは、叱られるからするとか、叱られないからしないというのは、ダメだって、いつも言うからね」

「……ふうん。だって、誰でもみんな、叱られるからしたり、しなかったりするんじゃないか」

耕作には、権太の言うことが、よくわからない。生れた時から、二人は隣り同士だ。隣りと言っても、七、八丁は離れている。そのせいか、権太といつも遊んで来た。権太は平凡だが気持のあたたかい子だ。今年の正月も、一緒に市街に遊びに出て、耕作が三十五銭落した時、権太が言ってくれた。

「耕ちゃん、諦めれ。俺たち五銭ずつ貸してやっから」

そのおかげで、耕作は買いたいノートや、かまぼこを買えた。あの時の金は、祖父にもらってみんなに返した。が、そのありがたかったことは、今も忘れてはいない。

権太はそんな親切な少年だった。が、いつも一緒に魚釣りをしたり、ぶどう取りに行ったりして遊ぶだけで、特に何かについて深く話し合うといったことが、今までなかった。

権太が言った。

「あんなぁ耕ちゃん。父ちゃんが言ってるよ。叱られても、叱られなくても、やらなきゃあならんことはやるもんだって」

「叱られても、叱られなくても……うん、そうか、わかった」

今度は権太の言葉が、耕作の胸にすぽっとはまりこんだ。

(そうか。先生に叱られても、自分で正しいと思ったことは、したほうがいいんだな)

権太の言葉を納得した途端、耕作はがんと頬を殴られた思いがした。

耕作は小さい時から、いつも人にほめられて来た。家の者にも、近所の者にも、学校の先生にもほめられて来た。

「耕作は利口もんだ」

「耕ちゃんを見れ、行儀がいいこと」

「耕作は偉くなるぞ」

いつもそう言われつづけて来た。字も絵もほめられた。雑記帳の使い方も、朗読も、ほめられた。いつの間にか、耕作の心の中には、よりほめられたい思いが渦巻くようになった。ほめられたいと思うことは、また叱られまいとすることであり、誰にも指をさされまいとすることでもあった。叱られるということは、いつもほめられている耕作には、耐えがたい恥ずかしさであった。それが今、権太に言われて、⑤はじめて自分のどこかがまちがっていることに気がついたのだ。

「したら権ちゃん、先生に叱られても、割合平気なんだね」

「平気じゃないけどさ。泣いたことだってあるけどさ。だけど、先生に叱られるからと言って、母ちゃんの手伝いをしないで、学校に走って来たりはしないよ」

「偉いなあ」

耕作は内心恥ずかしかった。権太は先生にいくら叱られても、毎日遅れてくる。母親の肥立ちの悪いのはわかっているが、何とか遅れない工夫はないのかと、耕作は内心思うこともあった。叱る先生が無理だとは思いながらも、そう思うことがあった。だが、権太は、学校に遅れるよりも、病気の母親をいたわらないほうが、悪いことだとはっきり確信しているのだ。

〈二〉

二人はいつしか市街を出て、両側に田んぼの緑のすがすがと見える道を行く。青い忘れな草が、畦《あぜ》にこぼれるように咲いている。十勝岳のひと所に雲はかかっているが、いい天気だ。

（そう言えば、うちのじっちゃんも、正しいことをすんのに、人がどう思おうがかまわねえ、と言うもんな）

祖父は正しい人間だ。その言葉の重さが、耕作にも少しわかったような気がする。

「そうだなあ、権ちゃん。権ちゃんの言うとおりだなあ」

耕作は素直に言った。級長の若浜は、

「先生に言ってやるぞ、叱られるぞ」

と言った。多分若浜のことだから、先生に言いつけることだろう。若浜は、途中入学の耕作にいつもひけ目を感じている。耕作のほうが、級長の自分より成績がいいからだ。

（叱られても、いいことはするもんなんだ）

そう思うと、耕作はあらためて、

⑥「叱られたっていい」

と、はっきり口に出して言った。ひどく清々しい心持ちだった。

「権ちゃん、走るか」

「うん」

もう、沢に入る曲り角が見える。二人は駆け出した。ここにも、郭公が啼いていた。（三浦綾子「泥流地帯」より）

問一　傍線部①の意味として適当なものを次の中から一つ選び、記号で答えなさい。（　　）

ア　張り詰めた雰囲気である
イ　ひっそり静かである
ウ　がやがやと賑やかである
エ　活気にあふれている
オ　どんより重い空気である

問二　空欄【X】に入る語句として適当なものを次の中から一つ選び、記号で答えなさい。（　　）

ア　一人でやれ　　**イ**　雑巾もやれ
ウ　気合を入れろ　　**エ**　丁寧に掃除しろ
オ　早く終わらせろ

125

問三　傍線部②とあるが、「級長の若浜」が耕作に対してこのような態度を取るのはなぜか。〈二〉以降の文章の語句を用いて三十五字以内で答えなさい。

問四　空欄【Y】に入る語として適当なものを次の中から一つ選び、記号で答えなさい。（　　）

ア　蹴った　　**イ**　切った　　**ウ**　売った
エ　買った　　**オ**　知った

問五　傍線部③とあるが、この時の耕作の様子の説明として適当なものを次の中から一つ選び、記号で答えなさい。（　　）

ア　何度考えてみても、権太が自分に言ったことの意味がよく理解できず、困惑している。
イ　今までの自分の価値観と全く異なる権太の考え方が新鮮に感じられ、深く感心している。
ウ　見つからなければ手抜きをしてもよいという考えだった自分自身を情けなく思っている。
エ　罰当番の掃除であるにもかかわらず、笑顔で真面目に取り組む権太に、半ば呆れている。
オ　一刻も早く掃除を終わらせて帰りたい自分の気持

ちに気付かない権太にいらだっている。

問六　傍線部④とあるが、耕作がこのように思う理由として適当なものを次の中から一つ選び、記号で答えなさい。（　　）

ア　先生に叱られると、また居残りで罰当番をやらされることになり、権太にも迷惑をかけるから。

イ　いつも意地悪く絡んでくる級長の若浜に、その口実をなるべく与えたくないと思っているから。

ウ　優等生としてのイメージに傷がつくことで、権太に幻滅されるのではないかと怖れているから。

エ　いつもほめられているだけに、周囲から悪く思われることを避けたいという気持ちが強いから。

オ　叱られると優等生の自分を誇りに思っている家族からの愛情が失われるという重圧があるから。

問七　傍線部⑤とあるが、耕作は自分のどういうところが「まちがっている」と思ったのか。「正しい」という言葉を用いて三十五字以内で説明しなさい。

問八　傍線部⑥とあるが、この時の耕作の様子の説明として適当なものを次の中から一つ選び、記号で答えなさい。（　　）

ア　「叱られたっていい」とはっきり声にして言うことによって、今までよりも一段上の自分に成長できるような予感がして、未来に対する希望に胸を膨らませている。

イ　「叱られたっていい」とはっきり声にして言うことによって、いつも自分に意地悪く当たってくる級長の若浜に初めて打ち勝てたような気がしたので、すっきりしている。

ウ　「叱られたっていい」とはっきり声にして言うことによって、今まで不本意ながらも優等生を演じてきたが、これからは自由に自分らしく振舞っていこうと決意している。

エ　「叱られたっていい」とはっきり声にして言うことによって、今まで自分を縛り付けてきた「ほめられたい」というこだわりを振り払うことができ、爽快な気分になっている。

オ　「叱られたっていい」とはっきり声にして言うことによって、権太や祖父など、大切なことを教えてくれる素晴らしい友や家族に囲まれていることへの感謝を表そうとしている。

7 小説②

◆次の文章を読んで、後の問いに答えなさい。（徳島県）

サッカーのクラブチームに所属する中学一年生の周斗《しゅうと》は、あるチームメートに「やめてしまえ。」と発言したのを機にサッカーから足が遠のいた。その頃、祖父と以前通った銭湯「楽々湯《らくらくゆ》」を訪れ、ポジティブ思考の社会人、比呂《ひろ》と出会う。ある日、利用客の減少で銭湯の経営が厳しいのではないかと周斗が比呂に言ったのを、銭湯の主人に聞かれてしまう。次は、主人の腰痛が原因で銭湯が閉店することを、周斗が比呂に教えてもらった場面である。

①周斗が湯に体を沈めると、ちゃぷんと音がした。水面に波が静かに広がった。

いつになく、比呂も黙りこんでいた。並んで湯につかっているふたりの間に、淡い湯気が立ち上る。重い沈黙をヴェールで包み込むような柔らかい湯気だ。

比呂が両手で湯をすくって、顔にかけた。周斗は静かにため息をついた。

「俺って、ほんと最低だな。おじさんいたのに、あんなこと言っちゃって……。もう取り返しがつかないよ。」

「周斗、最低って言うな。周斗が楽々湯を愛してるからこそだってことは、親父《おやじ》さん分かってくれるよ。」

比呂に慰められても、ちっとも楽になれない。

「比呂さん、それに俺さ、おじさんにだけじゃなくて、取り返しがつかないこと言っちゃったの、まだあるんだ。こんとこずっと、なんかうまくいかなくて……。」

周斗はつま先に目を落とした。つま先は、湯の中でかげろうみたいに揺れている。

「サッカーのこと？」

比呂が顔の湯をぬぐいながら、周斗の方を向いた。

「ん……。前はキャプテンだったんだけど、よそから移ってきたうまいやつに奪われた。チームの友だちにも信頼されてない……。なんか空回りばっかりでさ。」

惨《みじ》めな気持ちになった出来事が次々と思い出された。楽々湯だけが癒やしの場所だったのに、その楽々湯もなくなってしまう。今は辛《つら》すぎて、そのことは口に出来ない。

肩がずるずる落ちていった。耳たぶが湯につかるくらいまで、沈んだ。

「そっか。いろいろあったんだな。」

比呂は同情するように、目を閉じた。

「別に俺がいなくても、チームはうまく回ってるし、いや、いない方がむしろ、うまく回ってるのかも知れない。俺なんかしょせん、お山の大将を気取ってただけでー。」

周斗の話を、比呂が遮った。

「お山の大将？　立派じゃん。」

「え、なんで？」

周斗が横を向くと、比呂は腕組みをしていた。盛り上がった肩の筋肉が、湯から隆々とはみ出ている。

「周斗は、周斗が考える山のなかの、その大将になってたんだろ。それはそれですごいよ。」

「でも、それは……。」

「なぁ、周斗。富士山ってさ、日本では一番高い山だけど、世界で何番目か知ってる？」

壁に描かれた富士山の銭湯絵を比呂が見上げた。話の展開に戸惑いながらも、周斗も目線を上げた。

「うーん。全然見当つかないけど、五十番目くらい？」

「カーン。正確には何番目かを特定することも出来ないらしいけど、五十番どころか五百番以下は確実らしいぞ。」

「ええ、そうなの。」

日本一の富士山なのに、なんだか残念な感じがした。それを察したように比呂が続けた。

「富士山だって、世界に出ればそんなもん。例えばアスリートだって、いっしょだろ。サッカー日本代表の選手も、世界のトップには、なかなかなれないよな。世界のトップ選手だって、ずっとその位置をキープし続けることは出来ない。いつかはその座を誰かにゆずる。」

「………。」

「人間、ずっと勝ち続けることなんて出来ないんだ。」

「それってあきらめろってこと？　全然ポジティブじゃないじゃん。そこそこで満足しろってことでしょ。ネガティブだよ。」

②周斗は梯子《はしご》をはずされた気がして、息巻いた。

「あきらめるなんて、とんでもない。自分の中のてっぺんを目指すんだよ。」

「自分の、てっぺん？」

「自分が出来ることの最高っていうのかな。そう、自己ベストだな。自分のてっぺんを目指し、そのてっぺんを可能な限り、もっともっと上げていくってことだ。」

比呂はきっぱり言った。

比呂の言っていることは、ポジティブなのか。ネガティブなのか。

よく分からない。頭が混乱してきた。

「仕事だっていいことばっかりあるわけじゃない。キツイこともあるし、やめたくなったことだってある。けど、俺はまだ自分のてっぺんに行ってない。」

比呂はいったん言葉を切って、自分に言い聞かせるようにあごをぐっと引いた。

「こんな俺を支えてくれてる人に、納得するものをまだ与えられてないんだ。」

比呂は真剣な顔をして壁をにらんでいる。ただ話しているだけなのに、③その迫力に周斗は下手な相づちを打てずにいた。比呂はふいに周斗のことを思い出したみたいに横を向くと、照れくさそうに湯をすくって顔をごしごしこすった。

「いやぁ。なんか今日の俺、説教くさいな。あぁ長湯しすぎた。」

比呂は湯をはね散らかして、勢いよく風呂から上がった。

（佐藤《さとう》いつ子《こ》「キャプテンマークと銭湯と」より。一部省略等がある。）

（注）ポジティブ＝積極的なさま。
ヴェール＝物をおおうのに用いる薄い布。
ネガティブ＝消極的なさま。

問一 ——線部①「周斗が湯に体を沈めると、ちゃぷんと音がした。水面に波が静かに広がった」とあるが、この表現はどのような状況を表しているか、答えの末尾が「が続いている状況」に続く形になるように、適切な言葉を本文中から二字で抜き出して書きなさい。

［　　］が続いている状況

問二 ——線部②「周斗は梯子をはずされた気がして、息巻いた」とあるが、このときの周斗の様子として、最も適切なものを**ア**～**エ**から選びなさい。（　）

ア 前向きな考え方の比呂が期待外れの返答をしたので、あきれている様子。

イ スケールの大きな話をする比呂に戸惑うだけでなく、落胆している様子。

ウ 当たりさわりのない言葉で励まそうとする比呂に、いらだっている様子。

エ 消極的とも思える比呂の発言に驚きと怒りを感じて、興奮している様子。

問三 ——線部③「その迫力に周斗は下手な相づちを打てずにいた」とあるが、次の文は、ある生徒が、この理由について考えたことをまとめたものである。（ⓐ）・

（ⓑ）にあてはまる適切な言葉をそれぞれ本文中の言葉を用いて書きなさい。ただし、（ⓐ）は二十字以上二十五字以内、（ⓑ）は十字以上十五字以内で書くこと。

ⓐ

ⓑ

仕事において、（ⓐ）ことでたどりつける「自分のてっぺん」にまだ行くことができず、周りの人にも（ⓑ）と言う比呂に圧倒され、周斗は安易に話の流れに合わせることをためらったから。

問四 本文における比呂の役割として、最も適切なものを**ア**～**エ**から選びなさい。（　）

ア 周斗に自分の知識や成功体験を伝えることで成長を促す、よき先輩としての役割。

イ 周斗と同じように悩みを抱えながらも前進していく、身近な大人としての役割。

ウ 周斗の不安を受け止めて解決策を示していく、頼りになる助言者としての役割。

エ 周斗にどんなときも自信に満ちあふれた態度で接する、憧れの人物としての役割。

8 小説③

◆次の文章は、清陰《せいいん》高校バレーボール部主将の「小田」が、校内球技大会の終了後、一年生の「灰島《はいじま》」と会話をする場面である。「小田」は、能力の高い「灰島」をぜひ入部させたいと考えていたが、「灰島」は、中学生のとき他の部員たちとの関係が上手《うま》くいかなかった経験から、「小田」の誘いを拒否していた。これを読んで、後の問いに答えなさい。字数が指定されている設問では、「、」や「。」も一ます使いなさい。（岡山県）

体育館はがらんとしていたが、試合が行われていたステージ側コートにだけネットとポールがまだ残っていた。ⓐまるでネットだけがまだ試合が終わったことを認めるまいとしているかのように。コートを包んでいた決勝の熱気も今はもう夕方の空気に冷やされて、急に物寂しく感じられた。

ネットの前に立っている人影があった。目の前のネットと同じくまだ試合を続けたがっているみたいに、身体《からだ》の横におろした両手のテーピングはまだ解いていない。

灰島は顎を持ちあげてまっすぐな眼差《まなざ》しをネットの白帯に向けていた。窓から射《さ》す陽《ひ》も弱まって屋内はだいぶ薄暗くなっていたが、瞳の中には光が見えた。物足りなさを抑えきれないような、灰島自身の内に滾《たぎ》るぎらぎらした光が。

「部の打ちあげ行くで、六時半に校門に集合な。三年の奢《おご》りやで安心しろ」

「おれを数に入れないでください」

迷惑そうに言い返された。小田は溜《た》め息をつく。こんなにもわかりやすくバレーがやりたくてたまらないっていう渇望《かつぼう》を放出してるくせに、いったいなにがこいつの中のブレーキになっているのか。基本的に［A］で人の気持ちなど意にも介さなそうな奴《やつ》が、なにかが起こることをあきらかに怖がっている。

「なあ……バレーっちゅうんはほんと人を選ぶスポーツやな。一人じゃボールを運べん競技やで、一人が上手かっても勝てん。体格差に露骨に泣かされるっちゅうんもある。残酷な話やろ、おれみたいな奴がどんなに努力したかって……身長っていう、その一つの要素で、やっぱりでかい奴には勝てん。よりにもよって、なんでバレーに嵌《は》まってもたんやろなあ、おれ」

嫌というほど人から浴びせられた言葉を自分で口にした。人に説明したところで今ひとつ共感してもらえず微妙な顔をされるので、最近ではもうその手の話は聞き流すようになっていた。

灰島は答えを悩まなかった。変なことを訊《き》くなこの人はとでもいうように小首をかしげて、言い切った。

「バレーより面白いものなんて、他にないじゃないですか」

ⓑああ……やっぱり。

こいつなら言ってくれるような気がしたんだ。おれたちにとってのごくシンプルな、世の中の真理を。

自分以外の誰かの言葉が欲しかった。おれなんかでも夢中になっていいものなんだって、誰かに肯定してもらいたかった。おれよりもずっと才能があって、そしてもしかしたらおれ以上にバレーが好きなこの男に、そう言ってもらえたら、おれがバレーに捧《ささ》げてきた時間は決して無駄ではなかったと信じられる。

世の中にこれほど面白いものが、熱くなれるものがあるだろうか。スパイクを豪快に放ったときの爽快感を。仲間全員で粘り抜いてラリーをもぎ取ったときの達成感を。集中力が極まって、チームの心が一つになったとき、ボールの軌跡が途切れない一本の線として鮮明に見える、あの、最高の陶酔を——。

喉もとに熱いものがこみあげてきて、ふと泣きたくなる。だが、泣くのは早い。まだなにも成し遂げていない。

だからかわりに歯を見せて笑った。

「おれなあ、バレーが死ぬほど好きなんや。これだけは誰にも負けん自信あるぞ」

灰島がくそ真面目な顔で、

「おれも負けません」

と対抗してきたのがおかしかった。

「……灰島。おまえに入って欲しいんはおれの都合や。おれはもう三年や。一試合でも多くコートでプレーしたい。一日でも長く……一分でも、一秒でも長く、バレーをしていたいんや。そのためにおまえの力を借りることはできんか？　おまえの、全力を……」

こんな言い方では逆効果だろうか？　いや、大丈夫だ。この言葉は灰島に壁を作らせるものではないはずだ。こいつはどうやら自分に対しても他人に対しても恐ろしくストイックだが、本気でバレーと向きあっている者を拒絶することはない。バレーに本気か本気じゃないか——灰島の線引きはたったそれだけなのだ。

だから踏み込むのをためらう理由はない。ドアの鍵をおれは持っている。

ⓒ本当に右手の中に小さな鍵を握り込んでいるような感触があった。手のひらを開くともちろん実際には鍵は

載っていない。けれどそれを見せるように灰島に向かって差しだした。

「おれを信じてくれんか、灰島」

伏し目がちに小田の手を見つめたまま、灰島はしばらく黙っていた。引き結ばれていた唇がほどけ、

「……春高《はるこう》」

と、ぼそっとした声が漏れた。

「……本気で行く気なんですよね。県内でまともに勝ったこともない弱小チームが、本気で行けると思って目指してるんですよね。二・四三のネットは、そのためなんですよね」

ⓓ目の前のもの全てを刺し貫くような鋭さをもった瞳が、ひたと小田の顔に向けられる。一週間前に小田がちらっとしただけの話が灰島の中にずっと残っていたらしいことに驚いた。が、それだけ強い思いがあることに納得もした。

バカにしているような言い方ではなかった。逆にこっちがほんのちょっとでも茶化《ちゃか》したり、答えを曖昧にしたら間違いなく即座に手をはたき落とす気だ。

こいつの前ではごまかしも、なまぬるい本気も許されない。

「ああ。これで役者は揃《そろ》った。今年の清陰は必ず全国に行けるチームになるって、おれは本気で思ってる」

ⓔ小田もまた射ぬくような目で灰島の目を見つめ返して答えた。

この手を取ってくれるなら、おれもまた全力で応えねばならないだろう。その覚悟が伝わるようにもう一度力強く繰り返す。難しい理屈は必要ない。きっとこいつの心には、まっすぐな言葉だけが届く。

「おれを信じて欲しい。おまえの全力を、貸してくれ」

（壁井ユカコ「2.43　清陰高校男子バレー部」より）

(注) テーピング――けがの予防や治療のために、関節、筋肉などにテープを巻くこと。

努力したかって――「努力したとしても」という意味の方言。

嵌まってもたんやろなあ――「嵌まってしまったのだろうかなあ」という意味の方言。

スパイク――味方がネットぎわに打ち上げたボールを、ジャンプして相手方に強く打ち込む攻撃法。

ラリー――相手方との打ち合いが続く状態。

ストイック――欲望に流されず、厳しく身を律する様子。

春高――全日本バレーボール高等学校選手権大会の愛称。「春高バレー」とも呼ばれる。

二・四三――バレーボール競技のネットの高さ。高等学校男子の全国大会では、二・四三メートルの高さのネットが使用される。地方大会や練習等では、二・四〇メートルが使用される場合もあるが、清陰高校は普段の練習でも二・四三メートルを使用している。

問一 [A]に入れることばとして最も適当なのは、ア～エのうちではどれですか。一つ答えなさい。（　　）

ア 公明正大　イ 優柔不断

ウ 傍若無人　エ 温厚篤実

問二 「ⓐまるで……かのように」とあるが、この部分の表現について説明した次の文の[X]に入れる表現技法として最も適当なのは、ア～エのうちではどれですか。一つ答えなさい。また、[Y]に入れるのに適当なことばを、文章中から十四字で抜き出して書きなさい。

X（　　）Y [　　　　　　　　　　　　　　]

この部分には[X]が用いられており、体育館に残されたネットと、その前に立つ灰島の姿が重ねられることによって、灰島の[Y]という気持ちが強調されている。

ア 隠喩法　イ 擬人法

ウ 倒置法　エ 対句法

問三 「ⓑああ……やっぱり」とあるが、ここからわかる「小田」の心情を説明したものとして最も適当なのは、ア～エのうちではどれですか。一つ答えなさい。（　　）

ア 灰島の小首をかしげるしぐさにより、自分の気持ちが少しも伝わっていないという事実を突きつけられたことへの怒りと落胆。

イ 灰島が見事に言い当てた世の中の真理により、身長の低い自分がバレーを続けてきた理由に気づかされたことへの驚きと感謝。

ウ 灰島の迷いのないことばにより、バレーが好きですべてをかけて打ち込んできた自分を肯定してもらえたことへの安堵《あんど》と喜び。

エ 灰島が自分と同じ思いを抱いていると知ったことにより、自分の後を託すに足る人物だという確信を得たことへの感動と満足。

問四 「ⓒ本当に……感触があった」とあるが、「小田」がこのように思った理由を説明した次の文の[　　]に入れるのに適当なことばを、三十五字以内で書きなさい。

□□□□□□□□□□□□□□□□□□□□
□□□□□□□□□□□□□□□

バレーのことになると自分自身にも他人にも厳しい灰島に対してだからこそ、□という手ごたえを感じているから。

問五 「ⓓ目の前の……向けられる」、「ⓔ小田も……答えた」とあるが、このときの「灰島」と「小田」の様子について説明したものとして最も適当なのは、**ア**～**エ**のうちではどれですか。一つ答えなさい。（　　）

ア　灰島は、小田のバレーボールに対する熱意を確認しようとしており、小田は、灰島の生意気な態度に怒りを感じながらもチームのために我慢して説得しようとしている。

イ　灰島は、弱小チームなのに全国大会を目指すと言う小田の考えの甘さに疑問を投げかけ、小田は、自分が本気だということを示そうとして同じことばを繰り返している。

ウ　灰島は、小田に本気で全国を目指す気があるのかを問いただそうとしており、小田は、自分のことばを灰島が覚えていたことに動揺しながらもそれを隠そうとしている。

エ　灰島は、全国大会を目指すために自分のことが必要だと言う小田の覚悟を確かめようとしており、小田は、それに対して一歩もひくことなく強い思いで向き合っている。

9 随筆

◆次の文章を読んで、後の問いに答えなさい。（*は注を示す。）　（山梨県）

大切なことを学びつつある気がする話　1

頂きものの羊羹《ようかん》の木箱がとてもしっかりしたものだったので、a捨てるに忍びず、庭に来る鳥の餌台《えさだい》にしようと思い立った。雨風に晒《さら》されることを考えると、いくらしっかりしていそうでもそのままでは無防備なので、*柿渋の原液を買って来た。倍ほどに水で薄め、刷毛《はけ》で塗り、乾いては塗り、また乾いては塗りを繰り返して、いい加減うんざりしてきたところで（柿渋には独特の匂いがある）やめにする。庭の枯れ木の、太い枝が水平に切られているところにそれを置いて軽くねじで留める。そこへ少し深さのあるガラスの器を置いてジュースを注ぎ、賞味期限をはるかに越えて処遇に困っていた玄米も一摑《ひとつか》み、ガラス器の横に置いた。

1その日はほとんど鳥たちの反応がなくて終わった。

鳥が好きなのに、今まで餌台を設《しつら》えることをしなかったのは、庭に*つくばいがあり、すでにいろいろな鳥が水浴びに来てくれていたし、木々が多いのでそれにつく虫も多く、あれこれつつきにやって来る鳥もまた多かったからだ。害虫を退治してくれ彼らもそれが腹の足しになり満足なら、別段わざわざ餌台をもうけてそれ以上の*饗応《きょうおう》をする必要も感じなかった。それが、木箱を無駄にしたくないと思う貧乏性のせいで、こんなことをしてみた。したらしたで、気になるもので、家のなかからしょっちゅう餌台の方を窺《うかが》うようになった。

翌日、ヒヨドリが一羽、やって来て、餌台の上方、枯れ木の枝に止まって、しきりに身じろぎし、辺りを見回している。それからこちらの方をのぞき込む。鳥が何かを見るときは、左右の顔のどちらか片側を見ている対象の方へ向ける。人間はものを見るとき、顔の正面を対象へ向け、両の目の焦点を合わせるが、鳥は（人間のように顔の平たいフクロウなどは別にして）よく見ようとすると、片目でまじまじと見るのだ。で、こちらをしげしげとのぞき込んだヒヨドリは私と目が合うと、ほら、やっぱりね、とばかり、ピョーと叫んで飛んでいった。ああ、これで、関係が切れた、と少しばかりしゅんとする。だが、あんな厚かましいヒヨドリが（人生のあらゆる局面で彼らと付き合って来たので、彼らが非常にタフだということはわかっている）、そんなことで傷つくわけがなかったのだ。やがて戻って来て、さもジュースなど気にしないふりで近くの枝に止まり、長い長い時間をかけ（一時間近く）、羽繕いをし、それからいかにもどうでもよさそうに餌台に止まり、玄米をついた。そして恐る恐るジュースの上にかがみ込み……。

以来、毎日コップ一杯ほどのジュースを、この一羽が*うわばみのように飲み干す。空になると、窓辺で仕事をしている私の視野に入るところでさかんに示威行動をとる。催促しているのだ。すぐに立って入れてやるのは悔しいので、b 頃合いを見計らってガラス器をジュースで満たしてやる。自分でも何をやっているのかわからない。最初は確か、可愛《かわい》らしい小鳥たちがうれしそうに、上品にちょっぴりずつ、喉を潤す場面を脳裏に描いていたのだったが……。

大切なことを学びつつある気がする話　2

*菜種梅雨《なたねづゆ》に入り、ヒヨドリのジュースカップにも雨が降り注いだ。雨が小休止するとカップにはうすぼんやりした色つきの水が残った。ヒヨドリはこのうすまったジュースを嫌った。まったく飲もうとしない。野生ならば、安全に水が飲める場所がある、というだけで満足すべきではないか、と思う。そしてほんのり果汁風味がついていたらそれだけでも贅沢《ぜいたく》というものではないか、と。しかしすでにそれ以上の贅沢に身も心もどっぷりと染まってしまっていたヒヨドリは、そんなものではもう満足しないのだった。どうなることかと思っていたが、ヒヨドリはすっぱりとジュースのことは諦めて、それ以上の執着を見せることはなかった。拍子抜けして、それから少し、ヒヨドリを見直した。

先日、八〇を越した女性の話を聞いていて、彼女が小さい頃、家の仕事として水汲《みずく》みをしていたことを知った。昔の日本の山間部では（途上国では今も）、水汲みという重労働が子どもたちの務めの一つだった。中学に通うようになってようやく水道が敷設《ふせつ》されたとき、どんなにうれしかったか、けれど水汲みにはそれなりの喜びもあったという。私はその喜びを知らない。生まれたときから水は蛇口をひねれば出るものだったから。だが、その私も、若い方々の知らない喜びを知っている。今では外国へもeメールを使えば瞬時に交信できるが、昔は時間のかかる国際郵便が主な伝達手段だった。あの頃の、海を渡って来たという実感のこもる手紙を受け取るときの喜び。もっと昔、ファクスが家庭に入る前、締め切りぎりぎりの原稿を送るときは、日曜・祝日も開いている大きな郵便局まで行って速達で出すのだった。やっと辿《たど》り着いた窓口で、それを渡したときの達成感と充実感。以降ファクスからテキストファイルになった今、時折去来する「こんなに便利になって」という感慨。そのうちわざわざ原稿をつくらなくても、頭のなかで思い描いただけで形になるものも出て来そうな気配である。だがそこにはもう、あの苦労のあとの「喜び」は存在しないだろう。

自分で動く必要のない、便利の極みになったら、ひとは夢見る石ころのようなものではないか。苦労の向こうにセットされた喜びは格別のものだ。便利さと引き換えになった大切な何か、その「何か」こそがつまり、2生きものが生きている証《あかし》なのだろう。

ヒヨドリだって、最初はジュースに狂喜したはずなのだ。それがあってあたりまえになってきて、それから思わぬ方向に事態が進みかけたとき、すっぱりと、それは「なかったもの」としてリセットした。が、もともとは私が始めたことなのだ。したたかなヒヨドリは、そこに在るものを利用していっているだけなのだ。それはそれで野性のなせる業だ。思えば昔からヒヨドリには、いつも、自分の盲点になっている大切なことを学ばされてきた。自分のなかの野性の洗練、とか、それとの共生、とか、そのようなこと。

そして今回は、何かがおかしくなり始めたとき、どの時点で、どの「快適さ」「便利さ」をストップさせるか、というようなことも。自分の意志で、決意して。

（梨木香歩《なしきかほ》「やがて満ちてくる光の」より）

（注）＊柿渋……渋柿の実をしぼってとった液。防腐剤として塗る。

＊つくばい……手を洗うのに使う水を入れた鉢。

＊饗応……食事などを出して人をもてなすこと。

＊うわばみ……巨大なヘビ。

＊菜種梅雨……菜の花が咲く三月下旬から四月にかけて降り続く長雨。

問一　a 捨てるに忍びず、b 頃合いを見計らってとあるが、ここではどのような意味で用いられているか。「捨てるに忍びず」は次の**ア**から**エ**までの中から、「頃合いを見計らって」は次の**カ**から**ケ**までの中から、最も適当なものをそれぞれ一つ選び、その記号を記入しなさい。

a「捨てるに忍びず」（　　）

ア　捨てるのに手間がかかって

イ　捨てるのが惜しくて

ウ　捨てるのに方法がなくて

エ　捨てるのが恥ずかしくて

b「頃合いを見計らって」（　　）

カ　十分に準備をして
キ　決まった時刻になって
ク　なんとか都合をつけて
ケ　適当な時機を待って

問二　1その日はほとんど鳥たちの反応がなくて終わったとあるが、鳥たちの反応を期待して落ち着かない筆者の様子がわかる一文はどれか。本文中からさがし、はじめの五字を書きなさい。

問三「大切なことを学びつつある気がする話　1」の場面の内容と表現の仕方について述べたものとして、最も適当なものはどれか。次のアからエまでの中から一つ選び、その記号を記入しなさい。（　　）

ア　ヒヨドリとの関係が次第に修復されていく様子を、時間の経過や季節の変化に沿って描いている。
イ　自然界に生きるヒヨドリのたくましさを、主観を交えない淡々とした表現によって印象づけている。
ウ　ヒヨドリの挙動に振り回されている自身の姿を、口語的な表現を用いながら軽妙に描き出している。
エ　庭に来るヒヨドリを取り巻く美しい情景を、直喩や擬態語を使って色彩豊かに表現している。

問四　2生きものが生きている証とあるが、筆者は、それをどのようなことと捉えているか。本文中の言葉を使って、二十字以上、二十五字以内で書きなさい。

問五　次は、筆者がヒヨドリの行動から気づいた大切なことについて説明したものである。A、Bにはそれぞれどのような言葉が入るか。Aは本文中の言葉を使って、五字以上、十字以内で書きなさい。Bは本文中の言葉を使って、三十五字以上、四十字以内で書きなさい。

A

B

筆者は、Aことをきっかけにジュースを飲まなくなったヒヨドリの行動を、はじめは理解できなかったが、その姿から、自分が望まない状況になってきたときには、Bことが大切だと気づいた。

解答・解説

※ちかみち1～ちかみち10のちかみち攻略法は巻末（23・24ページ）に掲載しています。

1 論理的文章①

問一、[Ⅰ]～[Ⅳ]に接続詞・副詞を入れる問題。まず、**前後の文の内容**をつかみ、接続詞と副詞のどちらが入るか見当をつける。接続詞が入る場合はその内容が**どのような関係で接続しているか**を考え、副詞が入る場合はどの言葉の状態を表しているかを考える。 ちかみち1

▼Ⅰ、前の「小さく、コンパクトに…日本人のDNAに根付くもの」という筆者の考えを裏付ける例として、後の「俳句や短歌」をあげている。説明・補足の接続詞である、**ウ**「たとえば」が入る。

Ⅱ、「能面をつける」ことにより「演じ手本人の顔の表情は見えなくなる」が、そうすることによって「役柄のより深い情感のようなものを表す」と、前後で「表情」と「情感」の対照的な関係を示している。逆接の接続詞である、**エ**「しかし」が入る。

Ⅲ、「日野原重明先生や…瀬戸内寂聴先生」は、年齢を重ねることによって「プレッシャーもリスクも関係ない」（41行目）状態になった人の例である。「いまの私」がまだ到達していない「怖いものがない状態」にもう到達していることを示す副詞の**ア**「すでに」が入る。

Ⅳ、「予定通りのことを目指す」ことを、モチベーションを維持するための行動としてあげていることから、いつも続けていることを示す副詞の**イ**「常に」が入る。

答 Ⅰ、**ウ** Ⅱ、**エ** Ⅲ、**ア** Ⅳ、**イ**

問二、「何よりも自分の気持ちに響く、自分の中から湧き上がってくる直感を信じることだ。」という文を本文中に戻す問題。脱文の内容をしっかりおさえ、**本文とつながりのある語句や表現**に着目する。入る場所が示されている場合は、その前に書かれている内容と照らし合わせる。 ちかみち4

▼脱文中の「自分の気持ちに響く」「直感を信じること」という表現が、[イ]の前の「何か自分の中で響くことに向き合っていく」と同じような意味であることをつかむ。「何よりも」と、筆者が最も重んじていることを付け加える文脈になっている。

答 **イ**

問三、――線部①「伝統的な世界の考え方、底流には、極めて簡潔に、簡素にするというところがある」とはどういうことかを説明したものを選ぶ問題。直前にある指示語の「その」が指す内容を前の部分から探し、その内容をふまえて考える。

▼まず、「小さくコンパクトに、簡略化していく」（1行目）ことが「日本の伝統文化の共通項」（2行目）だとして、前であげ

られている三つの例に着目する。「俳句や短歌」は「限られた字数」（10行目）で「文字や言葉のあいだに垣間見られるより奥深いもの」（12行目）を示し、「能」は「演じ手本人の顔の表情を見えなく」（15行目）することによって、「役柄のより深い情感のようなもの」（17行目）を表すとしている。さらに、「茶道」は「千利休」が「狭く小さな四畳半の空間の中に森羅万象を表そうとした」（18行目）とあり、三つとも簡略化することでより大きなものを表そうとした例であることから、アの「短歌や俳句にあるように、極力短くまとめることで、伝えたいことに余韻を持たせるということ。」があてはまる。「余韻」は詩文などで言葉に表されていない趣を表す。イは「限られた世界観」「限られた人々」が、ウは「簡潔に伝統を引き継ぐ」が、エは「簡素化された情感」が不適当。

答　ア

問四、――線部②「もうどうでもいいような気になる」のはなぜかを記述する問題。論の流れをつかみ、理由について述べられている部分の見当をつける。

ちかみち５

▼「どうでもいい」と感じる「そのこと」は、前の「リスクだと感じられるようなこと」（42行目）を指す。「いまの私にはリスクだと感じられるようなこと」が「年を経れば」気にならなくなると述べているので、――線部②の直前の一文「ある程度の年齢になれば、プレッシャーもリスクも関係ないのではないだろうか」（41行目）に着目してまとめる。理由を問われているので、文末は「…から。」という形でしめくくる。

答　ある程度の年齢になれば、プレッシャーもリスクも関係ないようになるから。（35字）（同意可）

問五、――線部③「それ」が指す内容を抜き出す問題。**指示語の前の部分から、前後にある語句と同じ語句や似た表現を手がかりに探す。**

ちかみち２

▼後で「達観した状態」と言いかえている。また、前に「それがお二人の強さ」とある「それ」も――線部③と同じものを指している。それらをふまえて前の部分から探すと、筆者が「医師の日野原重明先生や僧侶で作家の瀬戸内寂聴先生」（47行目）の強さと捉えている「ある種の開き直りというか、怖いものがない状態」（49行目）がある。

答　ある種の開き直りというか、怖いものがない状態（22字）

問六、――線部④「違う姿にはなっていたい」とはどういうことかを説明したものを選ぶ問題。自分の将来について「いま自分が思い描いているもの」とは違う姿になっていることを望む筆者の気持ちを考える。

▼「自分が想定した、その通りでは面白くない。自分自身、思う通りにならないのが理想だ」（70行目）と続け、「変化し続ける自分を、納得しながら楽しむ」（77行目）とまとめていることから考える。エの「想定内が安心だという風潮だからこそ、想定外を楽しむ自分でありたいということ。」があてはまる。

答　エ

問七、本文に書かれている筆者の主張と合致しない選択肢を選ぶ問題。選択肢を**一つずつ本文の内容と照らし合わせ**、合致するかしないかを考える。 **ちかみち 7**

▼**ア**、「小さくコンパクトに、簡略化していくのは…日本の伝統文化の共通項」(1行目)であり、「現れ方こそジャンルや形式…いまの時代も、千年前の時代も、さして大きな違いはない」(29行目)という内容に合致する。

イ、「簡素化していく」ものの「最近の流行」の例としてツイッターをあげた後で、「表現され、想像される世界というものは、昔から基本的に変わらない」(28行目)、「底流にある考え方…いまの時代も、千年前の時代も、さして大きな違いはない」(31行目)と述べていることから、「時代によって変化していくもの」が本文の内容に合致しない。

ウ、「人間に備わったさまざまな可能性、能力…その年齢や経験に比例する」(38行目)という内容に合致する。

エ、筆者は自分の将来について、「自分が想定した…思い通りにならないのが理想だ」(70行目)として、自分の想定を「超えた意外性だとか偶然性…一番いいかたち」(73行目)で、「変わっていく、変化し続ける自分を、納得しながら楽しむ」(77行目)ことを望んでいるので、合致する。

答 イ

2 論理的文章②

問一、□に接続詞を入れる問題。**前後の文の内容をつかみ、その内容がどのような関係で接続しているかを考える。**

ちかみち 1

▼「絵画として描かれる事物」は、「原則的に世界中でただそれ一つしか存在しない」（7行目）という特定のものであるのに対して、文字では「指し示す実体に対する普遍性が要求される」（14行目）ことを「魚」という漢字を例にあげて説明した後、「文字とは絵画として描かれるフォルムに普遍性をあたえたもの」（17行目）と要約している。よって、エの「つまり」が入る。

答 エ

問二、――線部「絵画はそのままでは文字になりえない」（6行目）といえる理由について説明した文「絵画は□ものであるから。」の□にあてはまる内容を記述する問題。文字とは異なる絵画の特徴をつかむ。

▼文字について、後で「文字とは絵画として描かれるフォルムに普遍性をあたえたもの」（17行目）と定義している。逆に言えば、絵画として描かれる事物には「普遍性」がないということ。つまり、絵画はすべてのものに通じる性質を表す「普遍性」とは対照的な、「特定の」ものを描いているということなので、「絵画として描かれる事物は、原則的に世界中でただそれ一つしか存在しない」（7行目）という部分を「絵画は～もの」につながるようにまとめる。

答 **原則的に世界中でただ一つしか存在しない事物を描く**（24字）（同意可）

問三、――線部「文字が成立する場」（34行目）とはどのような場合かを記述する問題。前に述べた「山」の具体例をもとに、文字として成立するために必要な性質をおさえる。

▼直前の「ここに」の「ここ」は、『山』というフォルム」（31行目）を見れば、だれでも「特定の山」ではない、「山という事物を思い浮かべることが可能となる」（32行目）場合を指している。これは、「文字とは絵画として描かれるフォルムに普遍性をあたえたもの」（17行目）という定義を説明するためにあげた例であることをふまえてまとめる。「どのような場合か」と聞いているので、**文末は「…場合。」**という形でしめくくる。

答 **特定の事物をかたどったフォルムに、他の同種の事物を思い浮かべることができるような普遍性がある場合。**（49字）（同意可）

問四、X段落が文章中でどのような役割を果たしているかを選ぶ問題。**X段落の要点をつかみ、前とどのような関係でつながっているかを考える。**

ちかみち 6

▼X段落では、前で述べてきた「文字」の中でも「事物のもっとも端的な特徴を抽出し、具体的かつ『絵画的』に描いたもの」（36行目）である「象形文字」を取り上げているが、それは「あくまで『絵画的』に描いたものであって、絵画そのものではない」

（38行目）、「必ずしも写実的である必要はない」（43行目）と、絵画とは違うことを繰り返し述べている。よって、アの「これまで述べてきた『文字』について内容を整理する事柄を示し、『絵画』との差異を改めて明確にしている。」があてはまる。イは「『絵画』との共通点を強調している」が不適当。ウは、X段落で示している象形文字は「『文字』と『絵画』の両方の性質をあわせもつ記号」ではなく、「これまでの論を否定」もしてはいないので、不適当。エは「問題提起を繰り返している」が不適当。

答 ア

問五、――線部「具体的な事物の特徴をうまくつかんだ文字」（45行目）である「象形文字」の例として正しいものを選ぶ問題。

▼「象形文字」は、「目に見える実体のある事物を表す」（36行目）ために「事物のもっとも端的な特徴を抽出し、具体的かつ『絵画的』に描いたもの」（37行目）であることから、ウの「雨」があてはまる。アは「指事文字」、イは「形声文字」、エは「会意文字」を説明している。

答 ウ

3 論理的文章③

問一、（１）、（２）に接続詞を入れる問題。**前後の文の内容をつかみ、その内容がどのような関係で接続しているか**を考える。 ちかみち1

▼1、若い世代の人は中年世代に比べて欲望を爆発させない態度を持っているということの具体例として、「環境に対する配慮」を考え始めていることをあげていることから、**オ**の「例えば」が入る。

2、直後の「この部分」は、「ニセ科学がこんなにも世の中に広がっている」（1行目）理由の一つである「欲望の爆発」（37行目）を指す。前で述べた、若い世代の人が「環境に対する配慮」などを早い段階から考え始めていることが、後の「この部分に関しては…期待している」ことの理由になるので、**ア**の「だから」が入る。

答 1、**オ**　2、**ア**

問二、――線部①「科学に対する極端な態度」とはどのような態度かを説明したものを選ぶ問題。後の説明から、科学に対する二つのかけ離れた態度をおさえる。

▼直後に「すなわち」を用いて、「科学を信仰するか、科学を否定するか」と言い換えている。さらに具体的に「科学の力を信じるあまり…場合」（3行目）と「科学への不信や不満が高じて…場合」（5行目）と二つの「科学に対する極端な態度」を説明している。よって、**ア**の「科学を頭から信じる態度と根底から信じない態度。」があてはまる。

答 **ア**

問三、――線部②「その典型だ」について、何がその典型なのかを抜き出す問題。主語に着目し、「その典型」が指すものをふまえて考える。

▼主語の「『テレビで放送されていたから○○は効き目がある』『専門家も同じことを言っていたから安心』という発想」は、前で述べた、現代人の「他人に『お任せ』してしまう発想」（11行目）の代表的な例としてあげられている。

答 **他人に「お任せ」してしまう発想**（15字）

問四、［③］にあてはまる言葉を選ぶ問題。**前後に手がかりとなる表現がないか**をおさえて考える。 ちかみち3

▼直前の「他人任せで自分の考えを放棄してしまったら…どんな内容でも科学ではなくなる」（15行目）という筆者の考えをふまえると、「常に自分で考える姿勢」が「必要だ」ということになるので、**ア**の「不可欠」があてはまる。**イ**の「不可逆」は元の状態に戻れないこと、**ウ**の「不可知」は人知では知ることができないこと、**エ**の「不可解」は理解できないこと。

答 **ア**

問五、――線部④「早く結論を出したがる傾向を持ってしまった」について、筆者がこの傾向を望ましくないと思っている理由を説明した文「急いで結論を出そうとすると、［　　］事態が生じるから。」の□にあてはまる言葉を抜き出す問題。論の流れをつかみ、理由について述べられている部分の見当をつける。□の前後の表現も手がかりに考える。

ちかみち 5

▼「例えば」と具体例をあげて説明した後に、「つまり、一刻も早く結論を得ようとして、簡単に安易な結論に飛びついてしまう」（29行目）とまとめている。筆者は「これは非常にまずいことだ」（32行目）と述べたうえで、「性急すぎる判断で取り返しのつかないことを招く前に、ちょっと立ち止まって考えてみてほしい」（34行目）と考えを述べている。解答の□には、「急いで結論を出そうとすると」生じる事態を説明する言葉が入るので、「性急すぎる判断で取り返しのつかないことを招く」（34行目）に着目し、「取り返しのつかない」を抜き出す。

答 **取り返しのつかない**

問六、――線部⑤「過剰な欲望に惑わされることなく、この社会を科学的なまなざしで見つめてほしい」と筆者が述べる理由を説明した文「現代の社会ではニセ科学が蔓延しているが、そのニセ科学は□と深い関係があるから。」の□にあてはまる言葉を抜き出す問題。論の流れをつかみ、理由について述べられている部分の見当をつけたうえで、**理由を表す「…から」**に着目する。

ちかみち 5

▼この文章では「なぜニセ科学がこんなにも世の中に広がっているのか」（1行目）について五つの事柄をあげている。――線部⑤に関わる「欲望の爆発」は、「最後に」として五つ目にあげられている。先にあげた「科学に対する極端な態度」（2行目）、「観客民主主義」（9行目）、「科学リテラシーの欠如」（18行目）、「時間が加速していること」（24行目）も合わせて、筆者はニセ科学の蔓延の原因を「おそらくニセ科学は今後も廃れない。それは…人間の欲望や心のゆらぎに密接に絡みついているから」（45行目）とまとめている。□の後の「深い関係がある」は「密接に絡みついている」と同じような意味なので、「人間の欲望や心のゆらぎ」を抜き出す。

答 **人間の欲望や心のゆらぎ**

問七、――線部⑥「最も大切なのは、『なぜ？』という、懐疑の精神をしっかり教育することだ」と筆者が主張する理由を選ぶ問題。論の流れをつかみ、理由について述べられている部分の見当をつけたうえで、**理由を表す「…のだ」「…のである」**などの言葉に着目する。

ちかみち 5

▼現代の学校教育においては、不合理なことを教えないことについて、筆者は「非常に危険なこと」（52行目）だと述べ、その理由を「本来なら、不合理なものをあえて見せて…考える力を身に付ける必要があるのだ」（52行目）、「不合理も教えておかないと、ニセ科学に出会ったときに対処の仕方がわからなくなってしまうのである」（56行目）と示している。よって、ウの「なぜ？　と疑問を持つ姿勢を教育しておかないと、ニセ科学に出会ったときに対処できなくなるから。」があてはまる。

答 **ウ**

問八、――線部⑦「不合理への免疫を今のうちにつけておくことが肝要だ」と筆者が述べる理由を、「できるようにするため。」につながるように抜き出す問題。直前の「そういう意味では」が前文の内容を受けていることに着目。「不合理への免疫」があるとできることをとらえる。 **ちかみち 5**

▼「そういう意味では」は、直前の「不合理も教えておかないと、ニセ科学に出会ったときに対処の仕方がわからなくなってしまう」（56行目）を指している。不合理に出会ったときに対処ができるように、不合理なことも教えておく必要があるという筆者の考えをとらえる。

答 **ニセ科学に出会ったときに対処**

問九、――線部⑧「科学の見分け方」について、筆者が信用できるのはどのような科学者かを選ぶ問題。後に列挙した科学者の「いろいろなタイプ」の中から、筆者が「信用すべき」と考える科学者のあり方をとらえる。

▼「肩書きを持った人」を「信用するのはナンセンス」（67行目）だと否定した後、「信用すべき」科学者の条件として、「限界をきちんと述べる」（70行目）、「効能と同様、弊害をきちんと告げる」（73行目）の二つをあげていることに着目する。**イ**の「今の科学にはできないことや、科学によって生じる問題点をきちんと述べる科学者。」があてはまる。**ア**は現代の科学のいい点だけ述べているところが不適当。

答 **イ**

問十、本文の内容と合致しない生徒の意見を選ぶ問題。選択肢を**一つずつ本文の内容と照らし合わせ**、合致するかしないかを考える。 **ちかみち 7**

▼**A**、最終段落の内容に合っている。

B、ニセ科学が世の中に広がった理由として二つ目にあげた「観客民主主義」（9行目）の説明の中で、筆者は「テレビで放送されていたから○○は効き目がある」（12行目）という発想で、「他人任せで自分の考えを放棄」する姿勢を批判している。

C、「科学者ほど疑ぐり深い人間はいない…なぜならば、疑い続けていくことが科学にとって最も大事だからである」（20行目）という内容に合っている。

D、「疑い続けていくことが科学にとって最も大事」（23行目）、「性急すぎる判断で取り返しのつかないことを招く前に、ちょっと立ち止まって考えてみてほしい」（34行目）という筆者の考えに合わない。

E、「おそらくニセ科学は今後も廃れない…人間の欲望や心のゆらぎに密接に絡みついているからである」（45行目）という内容に合っている。

答 **D**

4 論理的文章 ④

問一、「私たちもまた逆境を恐れないことできっと強くなれるはずなのである。」という文を本文中に戻す問題。脱文の内容をしっかりおさえ、**本文とつながりのある語句や表現**に着目する。入る場所が示されている場合は、その前に書かれている内容と照らし合わせる。

▼脱文中の「私たちも」の「も」は同類を表す副助詞なので、私たち（人間）以外で「逆境」に身を置いて「強く」なれたものについて述べた後に入ると考える。【ア】～【オ】の前の内容を見ると、【オ】の前で、雑草の生き方について「逆境こそが彼らを強くしたのである」「逆境によって強くなれるのは雑草ばかりでない」と述べている。 ちかみち4

答 オ

問二、A ～ D に接続詞を入れる問題。**前後の文の内容をつかみ、その内容がどのような関係で接続しているかを考える。** ちかみち1

▼A、雑草の生き方について、「たくましく」の後に「したたか」という説明を付け加えている。累加の接続詞である、イ「そして」が入る。

B、「野菜や花壇の花は…咲かせることはできない」ことに対し、「雑草は違う」と反対の内容が続く。逆接の接続詞である、ア「しかし」が入る。

C、「植物にとって重要なことは…ぶれることはない」（63行目）、「雑草は…変化させることができる」（66行目）ことを、後で「生きていく上で『変えてよいもの』と『変えてはいけないもの』がある」と言い換えている。説明・補足の接続詞である、エ「つまり」が入る。

D、「踏まれても…どうやって種子を残そうかと考える方が、ずっと合理的である」（87行目）ことを理由に、「雑草は踏まれながらも…確実に種子を残す」という結果を導いている。順接の接続詞である、ウ「だから」が入る。

答 A、イ　B、ア　C、エ　D、ウ

問三、――線部①「ピンチとチャンスは同じ顔をしているのである」といえる理由を選ぶ問題。論の流れをつかみ、理由について述べられている部分の見当をつける。 ちかみち5

▼――線部①が直前の段落の内容の言い換えになっていることから、「ピンチはチャンス」という言葉を裏付ける雑草の生き方に着目する。雑草は「自ら逆境の多い場所」（6行目）を選び、そこで「逆境に生きる知恵を進化させた」（15行目）植物であることをふまえて、「幾多の逆境を乗り越えて雑草は…逆境こそが彼らを強くした」（22行目）と述べている。イの「逆境を生き抜き乗り越えることで強くなることができるから。」があてはまる。

答 イ

問四、――線部②「私たちは道ばたにひっそりと花をつける雑草の姿に、自らの人生を照らし合わせてセンチメンタルになるかもしれない」について、私たち人間が「自らの人生を照らし合わせ」る雑草の生き方について具体的に述べている部分を抜き出す問題。直前の「そんな時」の指す内容から、私たちが雑草の姿に照らし合わせる「自らの人生」がどのようなものかをつかむ。

▼「そんな時」は、私たち人間が人生の中で「逆境に出くわす場面」を指している。また、「自らの人生を照らし合わせて」とあるので、「人々は、踏まれても負けずに立ち上がる雑草の生き方に、自らの人生を重ね合わせて、勇気付けられる」（75行目）と述べている部分に着目する。

答 **踏まれても負けずに立ち上がる雑草の生き方**（20字）

問五、——線部③「ゆめゆめ逆境を恐れてはいけない」の意味を選ぶ問題。

▼「ゆめゆめ」は禁止を表す語を伴って、「けっして〜ない、断じて〜ない」という意味を表す。**イ**の「けっして逆境を恐れてはいけない。」があてはまる。

答 **イ**

問六、——線部④「植物は動物に比べて可塑性が大きい」ことの理由を記述する問題。論の流れをつかみ、理由について述べられている部分に見当をつけたうえで、**理由を表す**「だから」「…のだ」などの言葉に着目する。 ちかみち 5

▼直後に「それは、どうしてだろうか」と問いかけ、動物と対比しながら「植物は、動くことができない…生息する環境を選ぶことができないのだ」「その環境が生存や生育に適さないとしても…受け入れるしかないのだ」（50行目）と考察したうえで、さらに「環境が変えられないのであれば、環境に合わせて、自分自身が変化するしかない」（56行目）と述べている。57行目に「だから、植物は動物に比べて『変化する力』が大きいのである」と、——線部④と同じ内容が繰り返されていることからも、「だから」の前に書かれているこれらの内容が理由にあたる。理由を問われているので、**文末は**「…から。」という形でしめくくる。

答 **植物は動けないため、生息する環境を選ぶことができないので、環境に合わせて自身が変化するしかないから。**（50字）
（同意可）

問七、——線部⑤「生きていく上で『変えてよいもの』と『変えてはいけないもの』がある」の「変えてはいけないもの」が、植物の場合は何にあたるかを述べている部分を抜き出す問題。——線部⑤の文が段落のまとめになっていることをふまえて考える。

▼同じ段落のはじめから見ていくと、「植物にとって重要なこと」で、「ぶれることはない」こととして、「花を咲かせて種子を残すこと」（63行目）をあげている。

答 **花を咲かせて種子を残すこと**（13字）

問八、——線部⑥「雑草は踏まれたら立ち上がらない」理由を選ぶ問題。論の流れをつかみ、理由について述べられている部分の見当をつける。

▼踏まれても立ち上がることについて、筆者は「そもそも、どうして立ち上がらなければならないのだろうか」（83行目）と疑問を示していることに着目する。後の段落にその根拠が示されていると見当をつけて読み進めると、「雑草にとって、もっとも重要なことは…花を咲かせて種子を残すこと」（85行目）であり、「踏まれても踏まれても立ち上がるという無駄なことに…どうやって種子を残そうかと考える方が、ずっと合理的である」（87行目）とあることから、ウの「花を咲かせて種子を残すためのエネルギーを温存しておくため。」があてはまる。

ちかみち 5

答　ウ

問九、――線部⑦「踏まれても踏まれても立ち上がるという根性論」の同意表現を抜き出す問題。逆境に負けない「不屈の精神」を表している言葉を探す。

▼「何度も踏まれれば、雑草はやがて立ち上がらなくなる」（79行目）という実際の雑草の生き方が、「踏まれても踏まれても立ち上がる」（73行目）という、多くの人が抱く「雑草」のイメージに反することから、「雑草魂というには、あまりにも情けない」（81行目）と述べている。

答　雑草魂

問十、本文の内容と合致する選択肢を選ぶ問題。選択肢を一つずつ**本文の内容と照らし合わせ**、合致するかしないかを考える。

ちかみち 7

▼ア、「環境は変化していくのであれば、雑草はまた変化し続けなければならない」（70行目）とあり、「種子を生産するという目的」（64行目）を「変化しない」ためには、サイズやライフサイクル、伸び方などを「変化する力」が必要なので、「『変化しない』ことのほうが大切」とはいえない。

イ、「人間は謙虚な姿勢で見習うべき」とは述べていない。

ウ、「一度や二度、踏まれたくらいなら、雑草は立ちあがってくる」（78行目）とある。

エ、「私たちが育てる野菜や花壇の花は、生育が悪いと小さなままで花を咲かせることはできない」（42行目）が、「雑草は違う…花を咲かせ、実を結ぶ」（43行目）という内容に合っている。

答　エ

5 論理的文章⑤

問一、□にあてはまる言葉を選ぶ問題。前後に手がかりとなる表現がないかをおさえて考える。 ちかみち3

▼直前の「まだ知らない世界をもう知っている」に着目する。「まだ知らない世界」は知らないはずのものなのに、「もう知っている」というのは筋が通らないが、筆者が説明してきた「小説」においては、「読みはじめたばかり」（68行目）なのに、「もう全部知っている」（69行目）とあるように、真理だと言えることから、ウの「逆説」が入る。「逆説」は、一見、真理にそむいているようにみえて、よく考えると一種の真理を言い表している表現。

答 ウ

問二、――線部(1)「こういう現象」がどのような現象を指しているかを、「という不思議な現象。」につながるように記述する問題。前の部分から、音階に関する不思議な現象について述べている内容をおさえる。 ちかみち2

▼「ドレミファソラシド」の音階は、「ピアノの右側の高い音で弾いても、左側の低い音で弾いても同じように聞こえる」（16行目）、あるいは「ギターで弾いても同じ『ドレミファソラシド』に聞こえる」（18行目）ことを、「絶対音や音の種類が違うのに不思議な現象だ」（19行目）と述べている。「絶対音や音の種類が違う」と「ドレミファソラシド」の音階は違って聞こえるはずなのに、「同じように聞こえる」ことから、「不思議な現象」と表現していることをふまえてまとめる。

答 **絶対音や音の種類が違う「ドレミファソラシド」であっても、同じように聞こえる**（という不思議な現象。）（37字）（同意可）

問三、――線部(2)「『立方体』と答えるだろう」と筆者が考える理由を選ぶ問題。論の流れをつかみ、理由について述べられている部分の見当をつける。 ちかみち5

▼後で「この『図』を『立方体』と答えてしまうためには、二つの前提が想定できる」（39行目）として、「一つは、私たちの想像力が…『九本の直線』に奥行きを与えているということ」（42行目）、「二つは、そのような想像力の働かせ方をするのは…『全体像』を知っているということ」（44行目）と、二つの理由をあげている。ウの「『立方体』を知っていることにより想像力が働き、『九本の直前』に奥行きを与えて見てしまうから。」があてはまる。ア・イは「『立方体』を知らない」、エは「想像力を妨げ」「奥行きを与えることができない」が不適当。

答 ウ

問四、――線部(3)「読者が持っているすべての情報が読者ごとの『全体像』を構成する」と筆者が言う理由を選ぶ問題。論の流れをつかみ、理由について述べられている部分の見当をつける。 ちかみち5

▼「音階」や「立方体」の例から、「想像力は『全体像』を志向

する」（43行目）ことと、「そのような想像力の働かせ方をする」（44行目）のは「『全体像』を知っていること」という二つの前提を述べたうえで、「全体像」を知っているかどうかが、読者の「想像力の働き方を規定している」（54行目）としている。読者によって経験が異なることから、「全体像をどれだけ知っているかも異なることをふまえ、**ア**の「読者の経験によって、作品理解における想像力の働かせ方が規定されるから。」を選ぶ。

答 ア

問五、——線部(4)「読者は安心して小説が読めた」と筆者が言う理由を記述する問題。直前の「だからこそ」に着目し、理由について述べられている部分の見当をつける。

ちかみち 5

▼「だからこそ」には前に述べたことが理由にあたることを強調する働きがあることから、「小説にとって『全体像』とは既知の『物語』なのである」（64行目）に着目する。また、後の段落でも、読者は「小説を読みはじめたときから『この物語の結末はもう知っている』と思う」ので、「読者は知らない道を歩いて、知っているゴールにたどり着く」（71行目）ことに「適度な安心感がある」（72行目）としていることをおさえる。理由を聞かれているので、文末は「…から。」という形でしめくくる。

答 読者の中に既知の「物語」があることで、結末までの見通しをもって小説を読み進めることができるから。（48字）（同意可）

問六、本文の特徴を説明したものを選ぶ問題。選択肢で示した特徴と効果が本文の内容と合致しているか、それぞれ照らし合わせながら考える。

▼「大橋洋一は、受容理論の観点から…次のように述べている」（5行目）と、8～13行目で著書の『新文学入門』から説明を引用したうえで、「音楽の音階」や「立方体」の図などの具体例をあげながら論を展開し、「小説にとって『全体像』とは既知の『物語』」（64行目）であり、読者は物語のゴール、つまり結末を知っていることが、「適度な安心感」（72行目）につながっているとしていることから、**エ**の「他者の見解を引用して、それを補足する具体例を挙げながら論を展開している。」があてはまる。**ア**は「筆者の主張と対立」が、**イ**は「筆者の考えに普遍性があることを強調」が、**ウ**は「欧米の文学理論と自身の理論との違いを明示」が本文の内容に合わない。

答 エ

6 小説①

問一、――線部①「森閑としている」の意味を選ぶ問題。

▼「全校生徒は、一時間だけで帰った」（2行目）、「研究授業の批評会がはじまっているのだろうが、耕作たちの部屋までは聞えない」（4行目）という状況から、校内は物音ひとつせず、静まりかえっている。イの「ひっそり静かである」があてはまる。

答 イ

問二、【X】にあてはまる言葉を選ぶ問題。前後に手がかりとなる表現がないかをおさえて考える。 ちかみち 3

▼前後に「手伝っているのを見つけられたら、何と言って叱られるだろう」「耕作も、井上権太も共に叱られるにちがいない」とある。耕作が、井上権太を手伝うのは、先生の言いつけに背く行為だと考えていることから、先生は「罰当番」として、権太一人に掃除をやらせようとしたことをおさえる。よって、アの「一人でやれ」があてはまる。

答 ア

問三、――線部②「級長の若浜が、『先生に言ってやるぞ。叱られるぞ、お前も』と言った」について、「級長の若浜」が耕作に対してこのような態度を取る理由を記述する問題。〈二〉以降の文章から、若浜が先生に言いつけようとする場面がくり返されている部分に着目する。 ちかみち 5

▼「級長の若浜は、『先生に言ってやるぞ、叱られるぞ』と言った」（116行目）と、――線部②と同じ内容があり、「多分若浜のことだから、先生に言いつけることだろう」（118行目）という耕作の考えが書かれている。その後の「若浜は、途中入学の耕作にいつもひけ目を感じている。耕作のほうが、級長の自分より成績がいいからだ」（119行目）が理由にあたる。「自分より成績がいい」耕作に「いつもひけ目を感じている」ことを、文末が「…から。」となるようにまとめる。

答 **耕作のほうが級長の自分よりも成績がよく、いつもひけ目を感じているから。**（35字）（同意可）

問四、【Y】にあてはまる言葉を選び、慣用句を完成させる問題。 ちかみち 3

▼耕作は「叱られてもいい」とはっきり言い切っていることから、イの「切った」があてはまる。「大みえを切る」で、自信のある様子を大げさな言動で示すことを表す。

答 イ

問五、――線部③「権太の言った言葉を、耕作は胸の中でくり返した」について、このときの耕作の様子を説明したものを選ぶ問題。直前の権太の言葉を聞いて、耕作が自分のどのような言動を思い返していたのかをふまえ、そのときの気持ちをおさえる。 ちかみち 8

▼「権太の言った言葉」とは、直前の「わかってもわからんくても、することだけはするべ?」を指す。その言葉を聞いて、「拭き掃除しなくてもわからんよ」（23行目）という考えだった耕

作は「ひどく恥ずかしい気がした」（28行目）とあるので、ウの「見つからなければ手抜きをしてもよいという考えだった自分自身を情けなく思っている。」があてはまる。

答 ウ

問六、――線部④「そりゃあいやださ」について、耕作が叱られることをいやがる理由を説明したものを選ぶ。叱られることに対する耕作の心情を説明している部分に着目する。

ちかみち 9

▼耕作は「小さい時から、いつも人にほめられて来た」（79行目）ことで、「よりほめられたい思いが渦巻くようになった」（86行目）とある。また、耕作にとって「ほめられたいと思うことは、また叱られまいとすることであり、誰にも指をさされまいとすることでもあった」（87行目）と説明している。「指をさされまい」は、陰で悪口を言われたり非難されたりしないでおこうという否定的な意志を表すので、**エ**の「いつもほめられているだけに、周囲から悪く思われることを避けたいという気持ちが強いから。」があてはまる。

答 エ

問七、――線部⑤「はじめて自分のどこかがまちがっていることに気がついた」について、耕作が自分のどういうところが「まちがっている」と思ったのかを記述する問題。「正しい」という言葉を手がかりに、耕作の考えを述べている部分をおさえる。

▼直前に「今、権太に言われ」たとあるのは、「叱られても、叱られなくても、やらなきゃあならんことはやるもんだ」（70行目）という言葉。その言葉を聞いて、耕作は「そうか。先生に叱られても、自分で正しいと思ったことは、したほうがいいんだな」（75行目）と納得し、「ほめられたい」「叱られまい」と考えて行動していた自分のまちがいに気がついたのである。「どういうところ」と聞いているので、**文末は「…ところ。」**という形でしめくくる。

答 **正しいかどうかではなく、叱られないかどうかを基準に行動していたところ。**（35字）（同意可）

問八、――線部⑥「『叱られたっていい』と、はっきり口に出して言った」について、このときの耕作の様子を説明したものを選ぶ問題。「叱られたっていい」とはっきり口に出して言えるようになった耕作の気持ちを考える。

ちかみち 8

▼直後に「ひどく清々しい心持ちだった」とある。「清々しい」とは、ためらいやわだかまりがなくなり、さっぱりした気持ちを表す。「ほめられたい思い」（86行目）で行動していた耕作は自分のまちがいに気づき、「叱られても、いいことはするもんなんだ」（121行目）という思いをはっきり口に出して言ったことで、「清々しい心持ち」になっているので、**エ**の「『叱られたっていい』とはっきり声にして言うことによって、今まで自分を縛り付けてきた『ほめられたい』というこだわりを振り払うことができ、爽快な気分になっている。」があてはまる。

答 エ

7 小説②

問一、――線部①「周斗が湯に体を沈めると、ちゃぷんと音がした。水面に波が静かに広がった」という表現が示している状況を、「が続いている状況」につながる形で二字で抜き出す問題。「ちゃぷん」という小さな音が聞こえることや、水面に波が「静かに」広がる様子を表現することで、周斗と比呂の様子をそれとなく示していることをおさえる。

▼直後に「比呂も黙りこんでいた」（3行目）とあり、「ふたりの間」に漂う湯気を「重い沈黙をヴェールで包むような」（4行目）という直喩を用いて表現していることに着目する。「二字」で答えるので、「沈黙」を抜き出す。

答 沈黙（が続いている状況）

問二、――線部②「周斗は梯子をはずされた気がして、息巻いた」について、このときの周斗の様子を説明しているものを選ぶ問題。「息巻く」が、息づかいを荒くして怒ったり、激しく言い立てたりする、という意味であることをふまえ、周斗が「梯子をはずされた」ように感じた比呂の直前の発言に着目する。

ちかみち 8

▼比呂に「人間、ずっと勝ち続けることなんて出来ないんだ」（57行目）と言われた周斗が、「それってあきらめろってこと？全然ポジティブじゃないじゃん。そこそこで満足しろってことでしょ。ネガティブだよ」（58行目）と言い返していることから考える。「ネガティブ」は「消極的なさま」を表すことから、エの「消極的とも思える比呂の発言に驚きと怒りを感じて、興奮している様子。」があてはまる。「梯子をはずされる」はおだてられて先に立って物事に取り組んでいたのに、仲間や味方に手を引かれて孤立すること。サッカーについてうまくいかない現状を「…俺なんかしょせん、お山の大将を気取ってただけで―」（31行目）と打ち明けた周斗に、比呂が「お山の大将？立派じゃん」（34行目）と言ったことで、話が「ポジティブ」な方向に展開するのを期待していたので、「ずっと勝ち続けることなんて出来ない」（57行目）という「ネガティブ」な発言を聞いて「梯子をはずされた」気になったのである。アは「あきれている」、イは「落胆している」という心情が不適当。ウは「当たりさわりのない言葉で励まそうとする」が不適当。

答 エ

問三、――線部③「その迫力に周斗は下手な相づちを打てずにいた」ことの理由をまとめた文「仕事において、（ⓐ）ことでたどりつける『自分のてっぺん』にまだ行くことができず、周りの人にも（ⓑ）と言う比呂に圧倒され、周斗は容易に話の流れに合わせることをためらったから。」の（ⓐ）、（ⓑ）にあてはまる言葉を記述する問題。「その迫力」が比呂の話している様子を表していることから、空欄の前後の表現を手がかりに、比呂の発言内容をおさえる。

ちかみち 9

▼ⓐ「自分のてっぺん」にたどりつくためにすることが入る。

「自分の中のてっぺんを目指すんだよ」（62行目）と言った後で、「自分の、てっぺん？」（64行目）と周斗がたずねたので、比呂は「自己ベストだな」（65行目）と言い直し、「そのてっぺんを可能な限り、もっともっと上げていくってことだ」（66行目）と説明している。

ⓑ　直前に「周りの人にも」とあるので、比呂が「俺はまだ自分のてっぺんに行ってない」（73行目）と言った後に、「こんな俺を支えてくれてる人に、納得するものをまだ与えられてないんだ」（77行目）と続けている部分に着目する。

答　ⓐ　**自己ベストを目指し、それを可能な限り上げていく**（23字）（同意可）

ⓑ　**納得するものを与えられていない**（15字）（同意可）

問四、本文における比呂の役割を説明したものを選ぶ問題。周斗に対する発言から、比呂が伝えようとしている内容をおさえる。

▼「ここんとこずっと、なんかうまくいかなくて」（14行目）と悩みを打ち明けた周斗に、社会人としての経験から「自分の中のてっぺんを目指すんだよ」（62行目）というアドバイスを送る一方で、比呂自身も「仕事だっていいことばっかりあるわけじゃない。キツイこともあるし、やめたくなったことだってある」（72行目）という中で、「俺はまだ自分のてっぺんに行ってない」（73行目）、「こんな俺を支えてくれてる人に、納得するものをまだ与えられてない」（77行目）という思いを抱えていることを語っている。このような比呂の姿について触れている、**イ**の「周斗と同じように悩みを抱えながらも前進していく、身近な大人としての役割。」があてはまる。

答　**イ**

8 小説③

問一、**A** にあてはまる言葉を選ぶ問題。**前後に手がかりとなる表現がないかをおさえて考える。** ちかみち 3

▼直後の「人の気持ちなど意にも介さなそうな奴」に着目する。同じような人物像を表す言葉があてはまるので、周囲のことを考えずに、勝手気ままにふるまうことを表す、**ウ**の「傍若無人」があてはまる。**ア**の「公明正大」は公平な様子、**イ**の「優柔不断」は気が弱くて決断力に欠ける様子、**エ**の「温厚篤実」は情が厚く、誠実なさま、という意味。

答 ウ

問二、――線部ⓐ「まるでネットだけがまだ試合が終わったことを認めるまいとしているかのように」という表現について説明した文「この部分には X が用いられており、体育館に残されたネットと、その前に立つ灰島の姿が重ねられることによって、灰島の Y という気持ちが強調されている。」の X にあてはまる表現技法を選び、Y にあてはまる言葉を抜き出す問題。Y は空欄の前後の表現を手がかりに考える。 ちかみち 10

▼X、ここでは、「ネットだけが」「認めるまいとしている」と、人でない「ネット」の様子を人のように表現しているので、**イ**の「擬人法」が用いられている。また、――線部ⓐは本来、前文の「まだ残っていた」より前に入れるべきところ、語順が入れかわっているので、**ウ**の「倒置法」も用いられている。ただし、この部分だけでは「倒置法」とはいえないことや、X より後の「体育館に残されたネットと、その前に立つ灰島の姿が重ねられる」という内容にあてはまらないことから、**ウ**は不適当。**ア**の「隠喩法」は、「ようだ」などを使わずにほかのものにたとえる表現技法。**エ**の「対句法」は、対応する内容を並べる表現技法。

Y、直後の段落に「ネットの前に立っている人影」とある灰島の様子を「目の前のネットと同じくまだ試合を続けたがっているみたいに」（6行目）と表現している。「十四字で」とあるので、まだ試合をしたいという灰島のバレーに対する気持ちを、小田が「こんなにもわかりやすくバレーがやりたくてたまらないっていう渇望を放出してる」（16行目）と見抜いている部分から、「バレーがやりたくてたまらない」を抜き出す。

答 X、**イ**　Y、**バレーがやりたくてたまらない**

問三、――線部ⓑ「ああ……やっぱり」という表現からわかる「小田」の心情を説明したものを選ぶ問題。直前の灰島の言葉を聞いた後の小田の**心情を直接表現している部分**から心情をつかむ。 ちかみち 8

▼直前に灰島が「バレーより面白いものなんて、他にないじゃないですか」（35行目）と言い切ったことを受けて、小田が「こいつなら言ってくれるような気がしたんだ…世の中の真理を」（37行目）、「自分以外の誰かの言葉が欲しかった…誰かに肯定

してもらいたかった」（39行目）と感じていることに着目する。「おれみたいなやつがどんなに努力したかって…なんでバレーに嵌まってもたんやろなあ、おれ」（25行目）という「人に説明したところで今ひとつ共感してもらえず微妙な顔をされる」（30行目）話に対して、灰島は「答えを悩まなかった」こともふまえて、**ウ**の「灰島の迷いのないことばにより、バレーが好きですべてをかけて打ち込んできた自分を肯定してもらえたことへの安堵と喜び。」を選ぶ。小田は「自分の後を託す」ためではなく、自分が「一試合でも多くコートでプレーしたい…バレーをしていたい」（60行目）という思いから、灰島の力を借りたいと言っているので、**エ**の「自分の後を託すに足る人物だという確信を得た」は不適当。

答 ウ

問四、——線部ⓒ「本当に右手の中に小さな鍵を握り込んでいるような感触があった」と小田が思った理由を説明した文「バレーのことになると自分自身にも他人にも厳しい灰島に対してだからこそ、［　　］という手ごたえを感じているから。」の［　　］にあてはまる言葉を記述する問題。小田の心情をしっかりつかみ、**そこにいたるまでの心の動き**を手がかりに、その理由となる内容をおさえる。 **ちかみち 9**

▼ここでの「鍵」とは、灰島の心の扉を開く糸口を指す。「ドアの鍵をおれは持っている」（70行目）とあることから、小田は灰島の閉ざされた心を開くことができると確信し、「踏み込むのをためらう理由はない」（70行目）と考えている。「だから」の前が理由にあたるので、「おまえの、全力を……」（63行目）と言いかけて迷ったものの、「いや、大丈夫だ。この言葉は灰島に壁を作らせるものではないはずだ」（64行目）、「こいつはどうやら…恐ろしくストイックだが、本気でバレーと向きあっている者を拒絶することはない」（65行目）と考えていることをおさえる。また、最後に「おまえの全力を、貸してくれ」（103行目）と繰り返す前に、「きっとこいつの心には、まっすぐな言葉だけが届く」（101行目）と考えていることにも着目する。これらの内容から、小田が、「本気でバレーと向き合っている」自分の「まっすぐな言葉」は灰島の心に届くと考えていることを、「〜という手ごたえ」につながるようにまとめる。

答 **本気でバレーと向き合っている自分のまっすぐな言葉は灰島の心に届くはずだ**（35字）（同意可）

問五、——線部ⓓ「目の前のもの全てを刺し貫くような鋭さをもった瞳が、ひたと小田の顔に向けられる」、ⓔ「小田もまた射ぬくような目で見つめ返して答えた」について、このときの「灰島」と「小田」の様子について説明したものを選ぶ問題。それぞれ直前の発言を手がかりに、ⓓからは「灰島」の心情を、ⓔからは「小田」の心情を考える。 **ちかみち 8**

▼ⓓの前で灰島は「本気で行く気なんですよね…そのためなんですよね」（81行目）と、春高を目指すという小田の気持ちを何度も念押しするように確認している。このときの灰島の様子を、

小田は「こっちが…答えを曖昧にしたら間違いなく即座に手をはたき落とす気だ」（90行目）、「こいつの前ではごまかしも、なまぬるい本気も許されない」（93行目）と感じており、そんな灰島に対して、小田はⓔの前で「今年の清陰は必ず全国に行けるチームになるって、おれは本気で思ってる」（95行目）と答え、「この手を取ってくれるなら…その覚悟が伝わるようにもう一度力強く繰り返す」（99行目）ことで気持ちを返している。**エ**の「灰島は、全国大会を目指すために自分のことが必要だと言う小田の覚悟を確かめようとしており、小田は、それに対して一歩もひくことなく強い思いで向き合っている。」があてはまる。**ア**は「生意気な態度に怒りを感じながらもチームのために我慢して」が、**イ**は「考えの甘さに疑問を投げかけ」が、**ウ**は「動揺しながらもそれを隠そうとしている」が不適当。

答 **エ**

9 随筆

問一、＝＝線部a「捨てるに忍びず」・b「頃合いを見計らって」の意味を選ぶ問題。

▼a、筆者は「木箱を無駄にしたくない」（21行目）という思いで再利用している。「忍びず」は、がまんできない、耐えられないという意味。イの「捨てるのが惜しくて」があてはまる。

b、筆者はヒヨドリに催促されてジュースを入れるのは悔しいので、自分でタイミングを見て行動しようとしている。「頃合い」は、適当な時機、「見計らう」は、時間などのおおよその見当をつける、という意味。ケの「適当な時期を待って」があてはまる。

答　a、イ　b、ケ

問二、――線部1「その日はほとんど鳥たちの反応がなくて終わった」について、鳥たちの反応を期待して落ち着かない著者の様子がわかる一文を抜き出す問題。筆者がその日に鳥のためにしたことをふまえて考える。

▼筆者が気にしているのは、庭に設えた餌台に対する鳥たちの反応である。「家のなか」にいても、餌台に鳥たちが来ているかが気になってしかたがない著者の様子を表した部分を探す。「鳥が好き」でも、それまでは必要性を感じなかった餌台を「木箱を無駄にしたくない」（21行目）という思いから設置した後の筆者の様子を、「したらしたで、気になるもので、家のなかからしょっちゅう餌台の方を窺うようになった」（22行目）と述べている。

答　したらした

問三、「大切なことを学びつつある気がする話　1」の場面の内容と表現の仕方について正しく述べているものを選ぶ問題。選択肢を一つずつ本文で用いられている表現技法や文章の特徴と照らし合わせ、合致するかしないかを考える。

▼ア、餌台を設置した翌日にやって来たヒヨドリは筆者と目が合うと一度は飛び去ったものの、やがて戻って来て、玄米をつつき、ジュースを飲んでいる。一日のうちの出来事なので、「次第に修復されていく」「時間の経過や季節の変化に沿って」の部分が合わない。

イ、「あんな厚かましいヒヨドリが…傷つくわけがなかった」（35行目）は、筆者の体験に基づく見解なので、「主観を交えない淡々とした表現」の部分が合わない。

ウ、ヒヨドリが最初に餌台にやって来た場面で、著者と目の合ったヒヨドリが「ほら、やっぱりね、とばかり、ピョーと叫んで飛んでいった」（33行目）のを見て、「ああ、これで、関係が切れた、と少しばかりしゅんとする」（34行目）筆者の様子を「口語的な表現」を用いて描いている。

エ、直喩の「うわばみのように」（43行目）や、擬態語の「まじまじ」（31行目）、「しげしげ」（32行目）を使って表現しているのはヒヨドリの様子で、「ヒヨドリを取り巻く美しい情景」

ではない。「色彩豊かに」という部分も合わない。

答 ウ

問四、――線部2「生きものが生きている証」と筆者が捉えているのはどのようなことかを記述する問題。直前の「その『何か』」が指している内容をおさえる。

▼「つまり」を用いて、直前の「便利さと引き換えになった大切な何か」を言い換えていることに着目する。「便利さ」の代わりに失われた「大切な何か」とは、その前で「格別のもの」と述べている「苦労の向こうにセットされた喜び」（88行目）である。

答 **苦労して物事をやり遂げた先にある喜びを感じること。**（25字）（同意可）

問五、筆者がヒヨドリの行動から気づいた大切なことを説明した文「筆者は、[A]ことをきっかけにジュースを飲まなくなったヒヨドリの行動を、はじめは理解できなかったが、その姿から、自分が望まない状況になってきたときには、[B]ことが大切だと気づいた」の[A]、[B]にあてはまる言葉を答える問題。ヒヨドリがジュースを飲まなくなった出来事について書かれている、「大切なことを学びつつある気がする話 2」の場面に着目する。

▼A、ヒヨドリが「ジュースを飲まなくなった」理由が入る。「菜種梅雨に入り、ヒヨドリのジュースカップにも雨が降り注いだ」（54行目）結果、カップの中のジュースは「うすぼんやりした色つきの水」（55行目）となり、ヒヨドリはこの「うすまったジュースを嫌った」（56行目）とある。

B、ヒヨドリの行動から筆者の学んだ大切なことの内容が入る。雨でジュースがうすまるという「思わぬ方向に事態が進みかけたとき、すっぱりと、それは『なかったもの』としてリセットした」（93行目）ヒヨドリの行動を、筆者は「野性のなせる業」（97行目）ととらえ、「昔からヒヨドリには、いつも、自分の盲点になっている大切なことを学ばされてきた」（98行目）ことを思い出している。直後に「自分のなかの野性の洗練…そのようなこと」もあげているが、今回のヒヨドリの行動で新たに気づいたことなので、最終段落で「そして今回は…ということも」と付け加えている内容に着目する。「何かがおかしくなり始めたとき、どの時点で、どの『快適さ』『便利さ』をストップさせるか…自分の意志で、決意して」（101行目）の部分を「こと」につながるようにまとめる。

答 **A、雨でうすまった**

B、どの時点で、どの快適さや便利さを止めることにするかを、自分の意志で決める（36字）（同意可）

ちかみち攻略法

ちかみち 1 CHIKAMICHI 《**接続語を入れる**》

一、**前後の文の内容**をつかむ。

二、その内容が**どのような関係で接続しているか**を考える。

ちかみち 2 CHIKAMICHI 《**指示語の指示内容をとらえる**》

一、原則として、指示内容の多くは**指示語の前の部分から**探す。

二、答えを指示語の代わりに入れて、前後の意味が通るかを確かめる。

ちかみち 3 CHIKAMICHI 《**空欄に語句を入れる**》

一、前後に**手がかりとなる表現がないか**をおさえて考える。

二、選んだ語句を空欄に入れて、意味が通るかを確かめる。

ちかみち 4 CHIKAMICHI 《**脱文を元に戻す**》

一、脱文の内容をしっかりおさえ、**本文とつながりのある語句や表現**に着目する。

二、その語句や、**指示語・接続語**から、どこに入る一文かをある程度予測する。

三、選んだ場所に脱文を入れて、その前後のつじつまが合うかを確かめる。

ちかみち 5 CHIKAMICHI 《**理由を説明する**》

一、論の流れをつかみ、理由について述べられている部分の見当をつける。

二、**「だから」「したがって」**などの接続語や、**「…ので」「…から」「…ため」「…のだ」**などの理由を表す言葉に着目する。

三、解答の文末は**「…から」「…ため」**などの形でしめくくる。

CHIKAMICHI **ちかみち 6** **《段落の働きをとらえる》**

一、段落の内容をよく表している**キーワードや中心となる文**を見つけて、**段落の要点**をおさえる。

二、**接続語や指示語**を手がかりに、前後の段落とそれぞれ**どのような関係でつながっているか**を考える。

CHIKAMICHI **ちかみち 7** **《本文の内容に合ったものを選ぶ》**

一、選択肢を**一つずつ本文の内容と照らし合わせ**、合致するかしないかを考える。

二、長くてまぎらわしい選択肢は、**内容を短く区切って検討する。**

CHIKAMICHI **ちかみち 8** **《心情をとらえる》**

一、**心情を直接表現している部分**をおさえる。

二、人物の**行動・表情・会話・情景など**を手がかりに、心情をつかむ。

CHIKAMICHI **ちかみち 9** **《心情の理由を説明する》**

一、人物の心情をしっかりつかむ。

二、人物の**それまでの行動・表情・会話など**も手がかりに、その理由を考える。

CHIKAMICHI **ちかみち 10** **《表現の特徴をとらえる》**

表現技法や文章の特徴（文の長さ・会話文の量・文末表現・誰の視点による描写か、など）に着目する。

○別のものにたとえる→**比喩（ひゆ）**

・「ようだ」などを使ってたとえる→**直喩（ちょくゆ）**

・「ようだ」などを使わずにたとえる→**隠喩（いんゆ）**

・人でないものを人にみたてる→**擬人法**

○語順を入れかえる→**倒置**

○文末が名詞（体言）→**体言止め**

○音声や動作・様子を表す→**擬声（音）語・擬態語**